实践应用型学前教育专业精品教材

幼儿体育艺术游戏

主　编　杜熙茹　李先雄
副主编　马　莉　刘甄悦　田　坤
参　编　葛智斌　张　卓　何　威
　　　　徐　凯　王香洁　罗晓远
　　　　马　强　马竞仪　许文星

中国人民大学出版社
·北京·

图书在版编目(CIP)数据

幼儿体育艺术游戏/杜熙茹，李先雄主编．-- 北京：中国人民大学出版社，2021.10

实践应用型学前教育专业精品教材

ISBN 978-7-300-29685-2

Ⅰ.①幼… Ⅱ.①杜… ②李… Ⅲ.①学前教育-体育游戏-幼儿师范学校-教材 Ⅳ.①G613.7

中国版本图书馆 CIP 数据核字（2021）第 147475 号

实践应用型学前教育专业精品教材

幼儿体育艺术游戏

主　编　杜熙茹　李先雄

副主编　马　莉　刘甄悦　田　坤

参　编　葛智斌　张　卓　何　威

徐　凯　王香洁　罗晓远

马　强　马竞仪　许文星

You'er Tiyu Yishu Youxi

出版发行	中国人民大学出版社		
社　　址	北京中关村大街 31 号	**邮政编码**	100080
电　　话	010－62511242（总编室）		010－62511770（质管部）
	010－82501766（邮购部）		010－62514148（门市部）
	010－62515195（发行公司）		010－62515275（盗版举报）
网　　址	http://www.crup.com.cn		
经　　销	新华书店		
印　　刷	北京瑞禾彩色印刷有限公司		
规　　格	185 mm×260 mm　16 开本	**版　　次**	2021 年 10 月第 1 版
印　　张	9	**印　　次**	2021 年 10 月第 1 次印刷
字　　数	178 000	**定　　价**	38.00 元

出版说明

随着经济社会的不断发展，人们生活水平的不断提高，教育在社会中的作用日益凸显。尤其是随着近年来二孩、三孩政策的推出，整个社会对学前教育的重视程度达到前所未有的高度。这无疑对当前的学前教育事业，以及学前教育人才培养体系提出了更高的要求，也为新时代学前教育教学改革、教师素质提升、新形态教材建设工作提供了新的探究视角。为了适应时代需求，深入学习贯彻习近平新时代中国特色社会主义思想、《中共中央 国务院关于学前教育深化改革规范发展的若干意见》，结合“三教”改革契机和国家规划教材、全国优秀教材申报和评选工作，中国人民大学出版社组织策划了“实践应用型学前教育专业精品教材”。

本套教材依据教育部颁发的《幼儿园教育指导纲要（试行）》《幼儿园教师专业标准（试行）》《3～6 岁儿童学习与发展指南》等文件要求，坚持理论联系实际，注重讲、学、练结合，突出岗位技能训练，在内容和体例上力求做到科学、实用、新颖。其中，理论知识构建以阐述基本问题为主，语言表述通俗易懂，便于理解；专业技能训练与幼教机构的实际需求相对接，具有较强的实用性和可操作性。在教材形态上，倡导新型活页式教材和工作手册式教材，突出以工作任务为导向的项目化教学模式，融合课程内容与职业岗位基本要求，旨在培养具备学前教育教学和课程开发能力，以及“说、弹、唱、做、演”等综合能力的“一专多能”型学前教育人才。

为更好地落实《教育部等四部门印发〈关于在院校实施“学历证书 + 若干职业技能等级证书”制度试点方案〉的通知》（教职成〔2019〕6 号）等文件精神，积极稳妥推进 1+X 证书制度工作，实现学前教育专业“岗课赛证融通”的综合育人模式，我社邀请知名院校和教研机构专家及一线知名教师，结合历年幼儿园教师资格考试的规律、特点，在移动平台上为广大学前教育专业的学生和从业人员开发了幼儿园教师资格考试立体化学习资源库。该资源库包括“幼儿园综合素质”“幼儿园保教知识与能力”两个科目的在线视频课程，以及配套的历年真题、模拟练习、章节练习等资源，可以为学习者提供全面、系统、科学的幼儿园教师资格考试学习指导。

中国人民大学出版社历来重视专业建设、课程改革和教师培训工作，在学前教育、早期教育、婴幼儿托育服务与管理等专业领域持续提供相关服务，包括教材开发、资源建设、举办教学研讨会议、师资培训等。我们将一如既往致力于学前教育专业建设和人才培养工作，欢迎广大教师和相关社会从业人员给我们多提宝贵建议和意见，共同为培养德智体美劳全面发展的社会主义建设者和接班人贡献一份自己的力量！

中国人民大学出版社

前　言

席勒说："只有当人是完全意义上的人，他才游戏；只有当人游戏时，他才完全是人。"人的一生离不开游戏，尤其对于处于生长发展关键阶段的幼儿来说，游戏更是至关重要。娱乐性游戏符合幼儿身心发展的天性——"玩"，幼儿们通过此途径掌握与人相处、合作和交往的能力，通过竞赛性游戏学会遵守规则和公平竞争，通过教育性游戏获得健康的身体和健全的人格。幼儿体育艺术游戏从体育游戏和体育艺术中发展而来，从属于教育性游戏，是一项体现体育艺术项目特征，追求自由情志寓于健康身体的游艺娱乐活动，充分体现了习近平总书记倡导的让孩子们在体育运动中"享受乐趣、增强体质、健全人格、锤炼意志"四位一体的目标。根据幼儿素质教育的需要，在体育艺术活动的基础上，通过有针对性地设定活动内容而创编的幼儿体育艺术游戏，可以有效地促进幼儿体适能的发展，培养幼儿学习、生活、劳动等技能，提高幼儿多项身体素质和艺术表现能力，增强竞争意识和培养坚强的意志品质。综上所述，幼儿体育艺术游戏在幼儿教育中有着非常重要的地位，对于全面落实《国务院关于当前发展学前教育的若干意见》和开展幼儿体育素质教育起着独特的作用。

本书是以《幼儿园教育指导纲要（试行）》和《3～6 岁儿童学习与发展指南》为指导，以促进幼儿健康发展为中心理念，为满足学前教育事业发展和幼儿教师工作的需要而进行创编的。如今，关于"幼儿教师能力培养"的话题在学前教育圈中不断升温，幼儿教师若是不想落后于时代发展和专业发展，就必须不断提升自己的综合实力，组织编写本书正是为了满足幼儿教师提升自身综合能力的需求。

本书的语言描述通俗易懂，文字简明扼要，除相关理论部分外，还分别对基本动作类，运动器械类，利用环境和民族、民间幼儿体育艺术游戏的意义、目标、内容、特点进行了阐述和分析，给予创编游戏建议并提供实例。同时，本书为方便读者使用，不仅配有相应的插图，而且特别对实例游戏部分进行了照片和视频的拍摄，并对如何创编幼儿体育艺术游戏进行了单独章节的介绍，使得本书内容丰富且生动有趣。

本书不仅可作为学前教育专业的本、专科教材，也可以作为广大幼儿教师及健身娱乐活动的组织者与参加者的参考用书。本书的编写分工如下：第一章由杜熙茹、马莉编写；第二章由李先雄、张卓编写；第三章由何威、李先雄编写；第四章由马强、葛智斌编写；第五章由徐凯编写；第六章由马莉、杜熙茹编写；第七章由刘甄悦、田坤编写；第八章由王香洁、杜熙茹编写。各章节中的照片由罗晓远和王英戈老师拍摄，感谢广州市白云区颐和幼儿园和重庆市渝北区回兴小太阳幼儿园对拍摄工作的支持，感谢张渝和杨良芬园长及吕勇娜老师的指导。全书最后由杜熙茹、李先雄、马强、马竞仪、许文星负责修改与定稿。

书中不足之处，敬请体育界、学前教育界专家和广大读者批评、指正。

编者

目 录

第一章　幼儿体育艺术游戏概述

本章导读

本章介绍了幼儿体育艺术游戏的基本概念，探讨了幼儿体育艺术游戏的意义、特征以及重要价值，对幼儿体育艺术游戏的发展方向提出了建议。

学习目标

- 了解幼儿体育艺术游戏的概念。
- 熟悉幼儿体育艺术游戏的意义。
- 掌握幼儿体育艺术游戏的特征和价值。

案例导入

某幼儿园的教师组织幼儿学习《3～6岁儿童学习与发展指南》提到的动作发展中的基本动作，起初幼儿对动作有新鲜感，参与活动的积极性较高。但一段时间后，教师发现幼儿的学习兴趣及效果都不理想。为改变这一现象，教师在游戏开始前用小故事等形式，设置情境化游戏，如“狩猎游戏”“农耕游戏”“战斗游戏”“舞蹈游戏”等，以及诗歌、音乐结合在一起的游戏形式，并引导幼儿运用不同的表情（开心、轻快、沉重、愤怒）、速度（慢速、中速、快速）、力度（高强、中等、低弱）参与到体育艺术游戏中。此外，教师还在游戏中穿插童谣和律诗，用摇篮曲、进行曲、幻想曲等做游戏伴奏音乐。

点评：教师巧妙地运用体育和艺术的理念拓展游戏设计思路，针对幼儿设计出具有体育艺术项目特征、发展健康身心的游戏活动，充分体现出身心发展的统一性、体适能提升的全面性、整体发展的均衡性、自身完善的工具性和自由竞争的趣味性五大典型特征，在体育艺术游戏中培养幼儿的动作控制、情感表达和乐观积极的思维习惯与行为能力。

第一节 幼儿体育艺术游戏的概念

一、体育艺术活动的内涵与特征

游戏表现出三个重要特征：自愿性、假想性和隔离性。人的游戏的高级形式表现在节日和仪式领域，在古代中国，几乎每一个活动都呈现出仪式性竞赛的形式：涉水、登山、伐木、采花都带有游戏的色彩。中国古代没有一个统一的词语表示“游戏”的概念，但却有“玩”“争”“赛”“让”等词语。最重要的是“玩”，其以儿童游戏为主，延伸到其他语义范围，指不需要技能的游戏竞赛等。凡是和竞赛有关的用的是“争”一词；“赛”用来指有组织、争奖品的比赛。

体育艺术是体育领域中具有艺术表现形式与特征的项目的总称。体育艺术活动属于兼具体育与艺术特征的运动形式。一方面，艺术是满足主观情感需求和提升生活品质的一种文化现象；另一方面，体育是一种复杂的社会文化现象，以身体活动为基本手段，以增强体质、增进健康及培养人的各种心理品质为目的。在近 30 年来，体育艺术活动的价值得以全面发掘，尤其在人的成长教育领域大放异彩。艺术与体育的融合提升了活动项目的内涵，从不同的方面让人们认识到了体育所蕴含的更多的对人们有益的东西，进而大大地丰富了体育的表现形式和层次，为更多人理解和喜爱。体育与艺术的双向交融与律动是当前甚至今后的一个重要发展趋势，在二者不断的融合与相互渗透下，体育的表现形式更加多样，文化内涵也更加丰富，运动美与艺术美实现了完美融合，极大地契合了时代对体育审美的需要。

二、幼儿体育艺术游戏的基本概念

作为体育游戏和体育艺术项目活动的基础延伸，幼儿体育艺术游戏的起源要从体育游戏和体育艺术活动两个领域中找寻。马鸿韬将体育艺术的概念分为广义和狭义两种，广义的体育艺术概念是“体育及体育相关领域的各种各样的艺术现象和艺术化体育运动的总称。它是体育与艺术的一门交叉学科，是体育学和艺术学两门学科的有机融合、深化，从而提升新的学科层次，是体育和艺术学科的重要组成部分”；狭义的体育艺术概念是“一种以审美规范化了的有组织、有节奏的身体练习为基本手段，以体现人的身体运动能力、促进人的全面发展，并含有较强审美元素和艺术元素的社会体育文化活动，它是广义体育艺术概念中的艺术化体育运动，即体育表演艺术”。

体育艺术游戏从体育游戏和体育艺术项目中发展而来，是以体现体育艺术项目特征，追求自由情志寓于健康身体的游艺娱乐活动。简单来说，幼儿体育艺术游戏就是针对幼儿设计的体现体育艺术项目特征、发展健康身心的游戏活动。本书所指的幼儿体育艺术游戏可以概括为“以培养幼儿兴趣为主要目的，富有韵律和节奏特征，并致力于人体臻于完善的目标，同时开发其各种体适能的一类游艺活动”。

体育游戏作为一种人类实践活动，它的产生、发展受到人类社会发展过程中诸多因素的影响。体育艺术活动也成为教育培养的活跃领域之一，幼儿体育艺术游戏成为体育游戏大家庭中具有代表性的一位，具有丰富的特征。伴随人类文化的进步、思维能力的增强，要进一步提高体育游戏运动形式的多样性和表现形式的细腻性，规范和丰富体育游戏的内容，使体育游戏更具有基础性、教育性、艺术性、多样性、趣味性和竞争性。

第二节　幼儿体育艺术游戏的意义、特征与价值

一、幼儿体育艺术游戏的意义

游戏是幼儿成长过程中不可缺少的重要内容，孩子们接触世界、了解世界、认识世界都是从游戏开始的。在游戏中，人们学会了生存技能和生活技能，掌握了与人相处、与人合作、与人交往的能力，学会了遵守规则和公平竞争，学会了如何获得健康的身体和健全的人格。

Paul（《梦中的舞蹈 3D》游戏创作人员）这样描述游戏和跳舞的价值：“玩（游戏）是很重要的。它给了我们一个机会，把日常的担忧放在一边，完全沉浸在另一个世界。当你玩的时候，你在现实之外旅行了一段时间，好像到了一个完全不同的世

界。你可以假扮成另一个身份，潜入别人的内心；你可以想象自己住在另一个地方或不同的环境。每种类型的游戏都赋予我们一种新的体验、一种新的视野，并打开一扇通往另一种现实的窗户。当你游戏的时候，你可以犯错误，让梦想成真，嘲笑自己——没有人责怪你。人们有时认为玩耍（游戏）只是小孩子的事情，但是玩耍对每个人来说都是可能的，也是至关重要的。”

对于处于人类生长发展关键阶段的幼儿来说，体育艺术游戏活动的研究和设计至关重要。相对于其他活动，体育艺术游戏具有身心发展的统一性、体适能提升的全面性、整体发展的均衡性、自身完善的工具性和自由竞争的趣味性五大特征。体育艺术游戏，无论是作为体育教学、运动训练的手段，还是作为群众性的文化娱乐、体育锻炼的活动方式，都具有较大的研究发掘价值和拓展空间。

幼儿体育艺术游戏是在体育艺术活动的基础上，结合幼儿的行走、跑跳等基本生活运动技能及各种体育艺术基本形式，创编出多种形体动作，并根据幼儿素质教育的需要，有针对性地设定有教育意义的故事情节和有美育作用的活动内容以及竞技性较强的比赛规则而创编的游戏，是一种有组织的体育活动，也是一种有专门针对性、发挥意识的创造性和主动性的活动。

体育艺术游戏可以促进幼儿身心的健康发展，包括素质、体能和智能的发展，有效提高幼儿的学习、生活、劳动等技能，提高幼儿多项身体素质和艺术表现能力，增强竞争意识，培养坚强的意志品质，这对幼儿建立现代人生观和养成吃苦耐劳的品格具有重要意义。它还能改善和提高各种运动技能，可与舞蹈、音乐等艺术形式密切配合，促进幼儿身体的全面发展，帮助其掌握生活中基本的生活技能，有利于培养德、智、体全面发展的人才。

二、幼儿体育艺术游戏的特征

幼儿体育艺术游戏可以在室内和室外进行，使参与者充分发展多样的体育艺术能力。幼儿体育艺术游戏是在变化的环境中进行的，它能够发展机智、敏捷的判断力和快速的执行力，同时促进身体的协调发展并增强记忆力。因此，幼儿体育艺术游戏具有以下特征。

（一）娱乐性

游戏具有娱乐性，体育艺术游戏可以激发、引导、培养游戏者积极的心理倾向，使其得到心理的满足，并对某项游戏活动产生浓厚的兴趣。游戏名称、游戏方法、游戏规则、奖励办法要不断推陈出新而富有新意。

（二）教育性

体育艺术游戏有一定的教育意义，将德育教育、智育教育、体育教育融为一体，使参加者于体育游戏之中提高身心素质。

（三）竞技性

游戏过程中，在规则要求下，参与者充分发挥智能、体能战胜对方，获胜者可以感受到成功的不易和成功的喜悦，同时激发失败者再战的激情，培养不服输的精神。

（四）艺术性

体育艺术游戏通过形象地反映生活，表现思想感情所达到的准确、鲜明、生动的程度以及形式、结构、表现技巧的完美程度。

（五）基础性

体育艺术游戏既有鼓励自我展现的个人体育游戏，又有侧重于为集体争光的集体体育游戏，它们都是为幼儿成长服务的，所以具有基础性的特征。

（六）科学性

体育艺术游戏是根据人体自然生理规律及健康的需要，按照各年龄段人群的心理特点、生理特点、职业特点、身体现状创编而成的，因而具有科学性。

（七）专门性

专门性是指具有侧重于发展体育艺术专业项目能力的倾向。这些专项的具体范围或具体对象，在游戏设计中都有具体限定。体育艺术游戏能够发展体育艺术专项的身体素质和运动表现能力，培养体育艺术专项自信和健康的心理素质，更重要的是能够培养幼儿对体育艺术活动的长期兴趣。因此，体育艺术游戏在游戏设计目标、内容、手段及场地器材选择上均有专项化倾向。

（八）丰富性

丰富性是体育艺术游戏设计的表现。其丰富性主要表现在两个方面：首先，体育艺术游戏包含姿态培养、素质提升、审美感悟等内容；其次，体育艺术游戏还提供多渠道沟通提示，如面对面接触、声音声调、身体姿势、音乐、文字、图像和影音设计融合等。

可以说，幼儿体育艺术游戏的价值意义主要体现为四个方面的融合：娱乐性和教育性的融合；竞技性与艺术性的融合；基础性与科学性的融合；专门性与丰富性的融合。

三、幼儿体育艺术游戏的价值与发展

幼儿体育艺术游戏的价值主要体现在四个方面：开发身体多种动觉感知和表达；连接艺术思维和运动思维领域；促进幼儿知情意行整体发展；提升幼儿身心多方位健康发展。

幼儿体育艺术游戏目前并没有从游戏大家庭中独立出来，体育艺术项目中存在的游戏也没有有效挖掘整理出来。体育艺术项目经过近 30 年的发展已经非常成熟，对于幼儿的培养价值也已获得专业研究领域和社会实践领域的认可，很有必要将其分类整理成独立领域，走上快速专业化的发展道路。

本章小结

幼儿体育艺术游戏是指针对幼儿设计的体现体育艺术项目特征、发展健康身心的游戏活动。幼儿体育艺术游戏具有娱乐性、教育性、竞技性、艺术性、基础性、科学性、专门性和丰富性的特点。体育艺术游戏创设要体现身心发展的统一性、体适能提升的全面性、整体发展的均衡性、自身完善的工具性和自由竞争的趣味性五大典型特征。

思考与练习

1. 什么是幼儿体育艺术游戏？
2. 幼儿体育艺术游戏的意义是什么？
3. 幼儿体育艺术游戏的特征和价值是什么？
4. 设计能够表现幼儿体育艺术游戏的教育性的内容。
5. 设计能够表现幼儿体育艺术游戏兼顾基础性和科学性的内容。

第二章　幼儿体育艺术游戏对幼儿身心发展的作用

本章导读

幼儿的身心发展以幼儿的生理和心理特点为生物学基础，本章根据幼儿身心发育特征以及幼儿体育艺术游戏的特征，研究并总结幼儿体育艺术游戏对幼儿身心发展所起到的作用，探讨如何运用科学方法促进幼儿身心健康发展，以充分发挥幼儿体育艺术游戏对于改善和增强幼儿体适能的重要作用。

学习目标

- 了解幼儿生长发育过程中的生理和心理特点。
- 熟悉幼儿体育艺术游戏与幼儿身心发展之间的关系。
- 掌握幼儿体育艺术游戏对幼儿身心发展所起到的作用。

案例导入

一个小朋友自制能力很差，在体育艺术游戏活动中经常不遵守游戏规则，常常跑到别的小朋友面前捣乱，小朋友们很讨厌他，老师批评他也没有用。于是，老师便充当他的游戏伙伴，在与他共同参与游戏时，模仿他不遵守游戏规则的行为，让他亲身感受到其他小朋友的心情和处境。通过一段时间的共同游戏，这位小朋友了解了遵守游戏规则的重要性，自控能力有了明显提高，不再是小朋友讨厌的“小捣蛋”了，同时，他还学会了和同伴进行合作，建立了自信心。

点评：在幼儿体育艺术游戏活动中对幼儿进行良好个性的培养，可以收到寓教于乐、事半功倍的效果。游戏中，老师可以以游戏伙伴的身份介入幼儿的游戏，如图 2-1 所示，有目的、有针对性地提出建议、实施指导，使幼儿在轻松愉快的气氛中、在没有任何心理压力的情况下潜移默化地接受指导，从而帮助幼儿形成良好的个性品质。

图 2-1　教师参与幼儿体育艺术游戏活动

第一节　幼儿体育艺术游戏与幼儿身体的发展

一、运动系统

幼儿运动系统的构成及特征如图 2－2 所示。

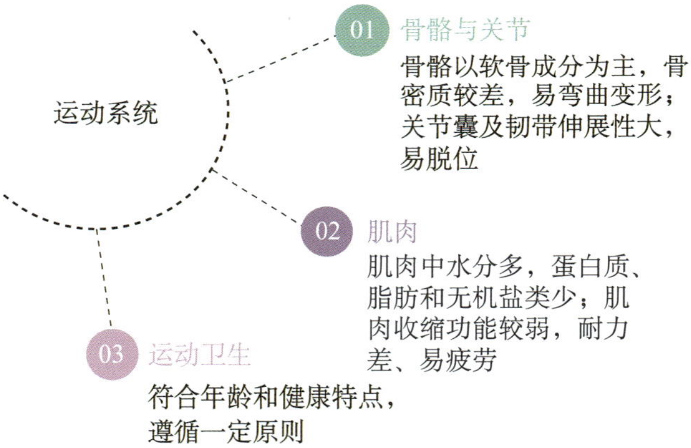

图 2－2　幼儿运动系统的构成及特征

（一）骨骼与关节

1. 幼儿的骨骼特征

幼儿的骨骼以软骨成分为主，水分和有机物质较多，无机盐少，骨密质较差，骨骼富于弹性而不够坚固，不容易完全骨折但易于发生弯曲和变形。

2. 幼儿的关节特征

幼儿关节面软骨相对较厚，关节囊及韧带的伸展性大，关节周围的肌肉细长，关节活动范围大于成人，牢固性相对较差，在外力作用下较易脱位。

3. 幼儿体育艺术游戏对幼儿骨骼与关节发展的作用

根据幼儿的骨骼与关节特征可知，幼儿体育艺术游戏对幼儿骨骼与关节的发展起着以下作用：

（1）促进骨骼生长，提高骨质坚实度。

适度的幼儿体育艺术游戏能够加快幼儿全身血液循环，使骨骼得到充分的营养物质，增加对骨端骺板的刺激，加速骨细胞的增殖，促进骨骼生长；有利于平衡全身及骨骼的钙磷代谢，加速矿物质在骨骼内的沉积，使骨皮质变厚、骨密度增大，加速钙化过程，使骨质坚实，能够承受更大的压力。

（2）促使肢体均衡发育，养成正确的身体姿势。

幼儿骨骼不够坚固，承受压力和肌肉拉力的功能就较差，如果经常进行单侧肢体活动，或长期保持不良的身体姿态，容易使骨骼弯曲变形，最为常见的是脊柱的变形。适当的体育艺术游戏能够加强幼儿肢体的全面锻炼，促进其肢体的均衡发育，提高幼儿各种姿态的轮换次数，帮助其养成正确的坐、立以及行走等身体姿态。

（3）加强关节牢固性，预防关节损伤。

幼儿关节柔韧性好而牢固性较差，适当参加幼儿体育艺术游戏可以在发展柔韧性的同时，促进关节周围肌肉的生长，加强关节的牢固性，从而预防关节的损伤。

（二）肌肉

1. 幼儿的肌肉特征

幼儿的肌肉中水分多，蛋白质、脂肪和无机盐类少，收缩功能较弱，耐力差，易疲劳。随着年龄的增长，肌肉中的有机物增多、水分减少，肌肉重量不断增加，肌力也相应增强。

2. 幼儿体育艺术游戏对幼儿肌肉发展的作用

根据幼儿的肌肉特征可知，幼儿体育艺术游戏对幼儿肌肉的发展起着以下作用：

（1）调节体重，促进体格的匀称发展。

幼儿在参与体育艺术游戏活动的过程中，血液循环加速，可以使肌纤维获得更多的营养物质，增大肌肉体积，增强肌肉弹性。在系统的、有组织的体育艺术游戏活动中，幼儿身体的脂肪消耗增加，能够改变肌肉脂肪比例，促使幼儿的体格得到协调、匀称的发育。

（2）增强肌力，提高幼儿对身体的控制能力。

在幼儿体育艺术游戏活动中，各种姿态的轮换以及多种动作的使用，有助于锻炼幼儿的肌力，从而提高幼儿对肢体的感觉和掌控程度，发展身体控制能力。

（三）运动卫生

1. 运动卫生的含义

运动卫生是指体育锻炼过程中应采取的卫生措施，目的是保护人们的健康，增强个人体质。

2. 运动卫生的原则

为促进幼儿的身体健康，预防运动损伤及运动性疾病，幼儿体育艺术游戏应遵守以下原则：

（1）适合年龄特点。

幼儿骨骼还未钙化，身体柔软但易变形，体育锻炼活动应以培养正确姿势为主要内容。幼儿的视、听、平衡能力发展快，心、肺功能较弱，容易疲劳，注意力也不能长时间集中，所以，活动强度宜小，活动时间宜短而休息次数可适当增多，内容则尽量多样化，着重发展平衡、柔韧、灵敏和协调能力，以练习跑、跳、投掷等基础动作的体育艺术游戏活动为主。

（2）适合健康特点。

根据不同体质和健康状况，对幼儿进行分组，以便合理安排体育艺术游戏内容。健康幼儿能进行全面锻炼，可组织其参加各种竞赛性质的体育艺术游戏。健康状况有轻度异常的幼儿，可组织基础性的体育艺术游戏，运动量应小、时间应较短，按循序渐进的方式逐步提高其身体素质。有较严重疾病或有体格缺陷的幼儿，应适当减少体育艺术游戏活动的参与次数，但可开展医疗性体育活动，如矫正体操、健身训练、器械治疗及利用日光、空气和水的“三浴锻炼”，加速其康复。

（3）循序渐进。

幼儿的体育艺术游戏活动应有切实的计划和步骤，要遵守循序渐进的原则，即运动量要由小到大，项目要由少到多，动作内容要由简到繁，跨度逐步增加，时间逐步延长。参与复杂的游戏活动之前，先将其分解成简单动作加以反复操练，结合观摩、讲评等，力求姿势正确、动作熟练，然后再逐步连贯起来。如果让幼儿突然做生疏的复杂动作，或突然承担较大的体力负荷，容易造成幼儿的过度疲劳，甚至引起运动损伤。

3. 幼儿体育艺术游戏对幼儿运动卫生发展的作用

根据运动卫生相关理论可知，幼儿体育艺术游戏对幼儿运动卫生发展起着以下作用：

（1）树立积极健康的心态，促进幼儿生理与心理的和谐发展。

幼儿体育艺术游戏可以调节幼儿的紧张情绪，改善其生理和心理状态，陶冶情操，充分发挥个体的积极性、创造性和主动性，从而提高自信心和价值观，使幼儿的个性在融洽的氛围中获得健康、和谐的发展。同时，集体活动形式的幼儿体育艺术游戏可以培养幼儿的团结协作以及集体主义精神，有利于幼儿树立积极健康的心态。

（2）培养自我保护意识，预防运动损伤。

现如今，家长对幼儿的保护较为全面和充分，使得幼儿的抗挫折能力较差，自我保护意识薄弱。在体育艺术游戏活动中，教师对体育保健知识的宣传和教育，对体育艺术游戏活动安全问题的强调，对游戏规则和正确动作的讲解，以及对自我保护动作的示范和教导，能够帮助幼儿建立起安全意识和自我保护意识，有效避免错误动作带来的损伤。

二、血液循环系统和呼吸系统

（一）血液循环系统

1. 幼儿的血液循环系统特征

幼儿的血液总量比成人少，但按体重的百分比来看，相对值则略高于成人。成人的血量约占体重的 7%～8%，而新生儿血量约占体重的 15%，1 周岁时约为 11%，以后随年龄的增长血液总量占体重的百分比逐渐下降。新生儿的红细胞为每立方毫米 550 万个，血红蛋白含量为每 100 毫升血 15～23 克，以后逐渐减少；幼儿时期红细胞和血红蛋白一直保持较低水平，到了青春期逐渐上升而接近成年人水平。

幼儿血液中，中性粒细胞比例较低，且发育不成熟，所以容易患传染病。

幼儿心肌纤维较细，心脏的容积和重量均小于成人，心肌收缩力弱、每搏输出量和每分输出量比成人少，但相对值却大于成人，这说明幼儿的心脏在支持短时间的紧张的肌肉活动方面具有一定的潜力。

幼儿心脏发育及神经调节功能还不够完善，而新陈代谢又比较旺盛，交感神经兴奋占优势，因而心率较快，较常出现心脏功能性收缩期杂音。心脏收缩力弱，血管壁弹性好，血管口径相对成人较大，外周阻力较小，因此幼儿的血压较低。

幼儿时期交感神经调节占优势，心肌发育不够完善，运动时主要靠加快心率来增加心输出量以适应需要。

2. 幼儿体育艺术游戏对幼儿血液循环系统发展的作用

根据幼儿的血液循环系统特征可知，幼儿体育艺术游戏对幼儿血液循环系统的发展起着以下作用：

（1）促进心血管功能的发育。

在参与幼儿体育艺术游戏活动时，幼儿的血液循环加速，可促进心肌细胞内蛋白质的合成，促使心肌纤维变粗，从而提高心肌收缩力量，增加心脏每搏输出量。幼儿体育艺术游戏能够促使大量毛细血管开放，使机体物质能量的供应能力得到提高，提升血管壁的弹性。

（2）提高血液循环质量。

血液循环系统的主要作用是通过血液把氧气和营养物质运送到各个组织、细胞，同时将组织、细胞在新陈代谢中产生的二氧化碳和废物运送到肺、肾以排出体外。幼儿体育艺术游戏能够加速幼儿的血液循环，加快血液与组织液的交换，提高新陈代谢水平，从而提高血液循环质量。

（二）呼吸系统

1. 幼儿的呼吸系统特征

幼儿胸廓狭小、呼吸肌力较弱且呼吸浅，新陈代谢旺盛，因而呼吸频率快，肺活量、肺通气量较成人小。随年龄增大呼吸深度增大，呼吸频率逐渐减小而肺活量逐渐增大。幼儿肺通气量绝对值小，但每千克体重相对值较大。由于呼吸肌力较弱、调节功能不完善，幼儿在运动时主要靠加快呼吸频率来增加肺通气量，而呼吸深度增加很少。

由于幼儿氧运输系统的功能不如成人，在进行剧烈运动时，他们的最大通气量和最大摄氧量较低，有氧氧化能力和无氧分解能力都比成人低。因此他们对强度较大而持续时间较长的体育艺术游戏活动适应能力较低，容易疲劳。

2. 幼儿体育艺术游戏对幼儿呼吸系统发展的作用

根据幼儿的呼吸系统特征可知，幼儿体育艺术游戏对幼儿呼吸系统的发展起着以下作用：

（1）增大肺活量，提高呼吸功能。

在体育艺术游戏中，幼儿持续的身体活动使机体对氧的需求增大，同时二氧化碳产量增加，刺激呼吸中枢，幼儿通过提高呼吸的频率和深度来摄取更多的氧，排出更多的二氧化碳，提高呼吸肌的调节功能，促进胸廓运动，增加膈肌收缩度，增大胸廓容积，从而增大肺活量，为幼儿形成良好的心肺功能奠定基础。

（2）掌握适宜的呼吸方式，发展运动能力。

一般情况下，肢体伸展的动作便于吸气，肢体屈曲的动作便于呼气，胸廓肩带需要固定的动作便于腹式呼吸，腹肌用力和收缩的动作便于胸式呼吸，爆发用力和上下肢体大幅度活动的动作有时必须在呼气时暂时屏息（如图 2－3 所示），周期性肢体活动时的呼吸必须要有一定的节奏（如图 2－4 所示）。在幼儿体育艺术游戏活动中，教师可以根据不同的游戏活动方式来引导幼儿掌握适宜的呼吸方式，使幼儿在游戏中学会呼吸与动作的配合，学会有意识地加深呼吸，从而帮助幼儿提高呼吸效率，发展运动能力。

图 2－3　需要在呼气时暂时屏息的爆发用力活动

图 2－4　需要掌握呼吸节奏的周期性肢体活动

三、神经系统

（一）幼儿的神经系统特征

幼儿神经系统的兴奋和抑制过程发展不均衡，神经活动过程不稳定，从而导致精确分化能力很差，错误动作多。幼儿神经细胞工作耐力差，容易疲劳，但由于神经过程有较大的可塑性，疲劳消除较快，重新恢复也快。

幼儿的神经活动中第一信号系统占主导地位，对形象具体的信号容易建立条件反射，而第二信号系统相对较弱，抽象的语言、思维能力差，综合分析能力发展还不完善。

（二）幼儿体育艺术游戏对幼儿神经系统发展的作用

根据幼儿的神经系统特征可知，幼儿体育艺术游戏对幼儿神经系统的发展起着以下作用。

1. 提高神经系统功能

经常参加幼儿体育艺术游戏活动能使幼儿的大脑和神经系统得到锻炼，提高神经系统工作过程的强度、均衡性、灵活性和神经细胞工作的耐久力，使神经细胞获得更充足的能量物质和氧气的供应，从而使大脑及整个神经系统在紧张的工作过程中获得充足的营养。同时，经常参加幼儿体育艺术游戏活动还能够改善幼儿神经系统的调节功能，提高神经系统对机体活动时错综复杂的情况的判断能力和幼儿做出协调、准确、迅速反应的能力。

2. 消除脑力疲劳

手机、平板电脑的普及使得幼儿的生活和娱乐方式由动到静，头脑运动取代了身体运动，身体活动量显著下降，大脑负担加重。体育艺术游戏活动能使大脑的兴奋与抑制过程合理交替，避免神经系统过度紧张，并有助于形成良好的情绪，增进心理健康。

3. 锻炼神经-体液调节系统

神经系统在机体其他系统的配合下，构成了神经-体液调节系统，它是人体全自动控制系统的中枢，主要负责维持人体的稳定状态。幼儿经常参加体育艺术游戏，可以使这一系统得到锻炼和加强，使中枢神经系统对兴奋和抑制的调节能力更趋完善，从而进一步活跃全身各个系统和器官的功能，使它们的活动更加协调，提高工作效率，迅速、灵敏地对外界刺激做出反应，以适应外界环境的变化，增强抵抗各种疾病因素的能力。

四、其他器官系统

（一）幼儿体育艺术游戏对幼儿消化功能的影响

幼儿体育艺术游戏活动可以促使幼儿的骨骼肌血管扩张、血流量增加，内脏血管收缩、血流量减少，从而导致胃肠道血流量明显减少（较安静时约减少 2/3），消化腺的消化液分泌量下降。此应激现象也可导致胃肠道机械运动减弱，使消化能力受到抑制。为了解决幼儿体育艺术游戏与消化机能的矛盾，一定要注意幼儿体育艺术游戏活动与进餐之间的时间间隔。饱餐后，胃肠道需要血液量较多，此时立即参加幼儿体育艺术游戏活动，将会影响消化，甚至可能因食物滞留造成胃膨胀，出现腹痛、恶心及呕吐等运动性胃肠道综合征。剧烈运动结束后，应经过适当休息，待胃肠道供血量基本恢复后再进餐，以免影响消化吸收机能。

教师在组织幼儿体育艺术游戏时，可以通过言传身教的形式教导幼儿注意身体活动与进餐之间的时间间隔，养成良好的身体活动习惯，避免身体活动对消化系统产生消极的影响。

（二）幼儿体育艺术游戏对幼儿内分泌系统的影响

幼儿体育艺术游戏活动会对机体产生较为强烈的刺激。作为机体重要的调控系统之一，内分泌系统必然充分动员起来，以维持机体稳定。长期参与幼儿体育艺术游戏活动，幼儿机体的激素水平会发生某种程度的“去补偿”现象，表现为开始某种负荷运动时，反映幅度比较明显；随着运动时间和次数的增加，反映幅度逐渐变小。这表明反映幅度更加精确，机能更加节省化。长期参与幼儿体育艺术游戏活动进行锻炼后，不同激素变化的综合结果总是朝着有利于运动和健康的方向发展。

由此可知，幼儿体育艺术游戏活动可以刺激垂体，促进激素的分泌，对幼儿的生长发育起到促进作用。

（三）幼儿体育艺术游戏对幼儿免疫系统的影响

研究表明，体育运动可使非特异性免疫功能增强，如少年运动员的淋巴细胞转化率比一般学生高，白细胞数暂时增多，中性粒细胞吞噬能力增加。经常从事体育锻炼的幼儿及儿童，上呼吸道感染等疾病的发病率明显降低。从预防医学角度出发，可把体育锻炼看作一种增强人体非特异性免疫功能的手段。

由此可见，经常参加幼儿体育艺术游戏可以促进幼儿免疫系统的发育，增强幼儿的免疫力。

（四）幼儿体育艺术游戏对幼儿脂肪代谢方面的影响

幼儿身体的脂肪比例较大，如不指导幼儿进行适当的身体活动以及合理饮食，可能会导致肥胖。肥胖会增加机体负担，并易引发心血管疾病，在氧供应充足的情况下参与体育艺术游戏活动，脂肪可被大量消耗利用。体脂的积聚是由于摄入热量高于人体所需的能量，过多的能量在体内转化成脂肪，而且机体储存脂肪的能力几乎没有限度。只有设法保持摄入量与消耗量两者间的平衡，才能保持人体的正常体重。运动减肥通过增加人体肌肉的能量消耗，促进脂肪的分解氧化，降低脂肪酸进入脂肪组织的速度，抑制脂肪的合成而达到减肥的目的。应根据幼儿的肥胖程度和个体体质，选择较适宜的幼儿体育艺术游戏，提倡选择动力型、大肌肉群参与的有氧运动，以及具有负荷量轻、有节律感、持续时间长等特点的运动，可以有效地降低体脂水平。

幼儿体育艺术游戏能够科学、灵活地组合多种身体活动方式，不仅可以增加机体的能量消耗，达到减脂、预防肥胖的目的，还有助于增强幼儿心血管系统及呼吸系统机能，提高肌肉的代谢能力，增强体质，促进健康。

（五）幼儿体育艺术游戏对幼儿体温变化方面的影响

幼儿在参加体育艺术游戏时，由于代谢水平提高，机体产热增加，尽管经机体调节加强了散热过程，但仍不能保证体热平衡而使体温升高。幼儿在体育艺术游戏中体温的适度升高可以提高神经系统的兴奋性，降低肌肉的黏滞性，加快肌肉收缩速度和肌肉血流速度，加大血流量，促进氧合血红蛋白的解离及二氧化碳的交换，有利于提高幼儿的运动能力。

第二节 幼儿体育艺术游戏与幼儿心理的发展

一、幼儿认知的发展

认知主要包括感知、思维、语言、注意力等方面的能力。幼儿认知发展的特点如图 2－5 所示。

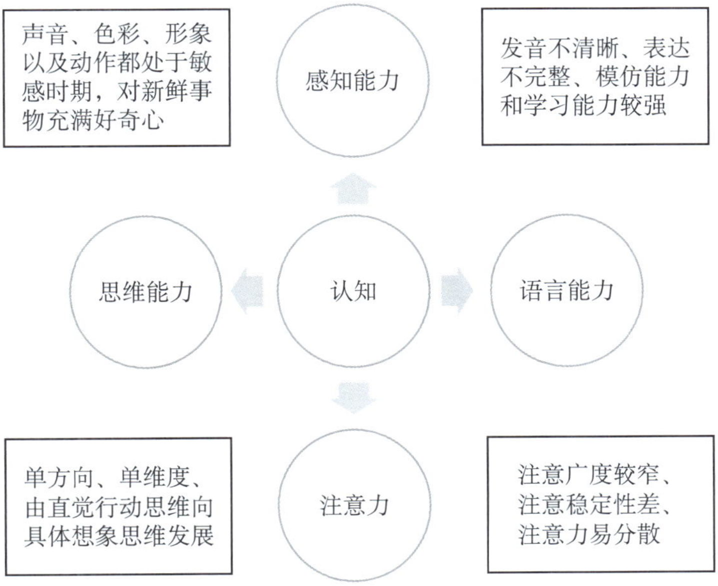

图 2－5　幼儿认知发展的特点

（一）幼儿认知发展的特点

1. 幼儿的感知能力发展特点

感知能力是认识事物必须具备的能力，它包括观察力、听力、闻的能力、品尝力和触摸的能力，是幼儿认识外界事物和增长知识的主要途径。幼儿时期的感觉和知觉都处于迅速发展中，幼儿处于对声音、色彩、形象以及动作的敏感时期，对新鲜事物充满好奇心，好奇心会促使幼儿去探索感兴趣的事或物，从而提高幼儿的学习效率。

2. 幼儿的思维能力发展特点

幼儿的思维能力发展表现为由直觉行动思维向具体形象思维发展。幼儿的思维能力发育还不完善，思维特征表现为单方向、单维度。3 岁以下幼儿的思维以直觉行动思维为主，其思维和行为紧密相连；3 岁及 3 岁以上的幼儿开始借助具体事物的具体形象或表象来进行思考，逐渐向具体形象思维发展，这个阶段的幼儿只能掌握日常生活中的具体概念，如：实物概念、数字概念、时间概念、简单事物之间的关系概念。有助于幼儿思维能力发展的积木游戏如图 2－6 所示。

3. 幼儿的语言能力发展特点

幼儿语言能力的特点主要表现为发音模糊、表达不完整、模仿力和学习能力较强等。幼儿的语言能力发展过程可以用“从量变到质变”来形容，3～6 岁的幼儿在日常学习和生活中已经出现了模仿现象。

4. 幼儿的注意力发展特点

注意力因素包括广度、稳定性以及注意力的分配和转移。幼儿注意力的特点表现为广度较窄、稳定性差、注意力易转移。3 岁以下幼儿的注意力类型以无意注意为主，这种注意力并不稳定，此阶段为注意力形成的萌芽时期；3～5 岁幼儿的有意注意得到加强，通常可以将注意力集中时间保持在 10 分钟左右；6～7 岁幼儿则能够按照指令集中注意力，注意力明显提高。有助于幼儿注意力发展的积木游戏如图 2－7 所示。

图 2－6　有助于幼儿思维能力发展的积木游戏

图 2－7　有助于幼儿注意力发展的积木游戏

（二）幼儿体育艺术游戏对幼儿认知发展的影响

根据幼儿认知发展的特点可知，幼儿体育艺术游戏对幼儿的认知发展起着以下作用。

1. 有利于幼儿感知能力的培养

幼儿通过视觉、听觉、嗅觉、味觉和触觉来辨别事物的相同点和不同点。教师可以通过了解幼儿在日常生活环境中接触的事物，制作幼儿体育艺术游戏道具，以此促进幼儿观察力、记忆力的发展。在幼儿体育艺术游戏中，幼儿按照自己的想法来支配自己所选择的游戏道具进行积极探索和尝试的过程，正是幼儿发展观察力、认识事物特征的过程。幼儿体育艺术游戏活动促使幼儿在操作游戏道具的过程中，探索使用游戏道具的方法，有条理地体验幼儿体育艺术游戏，从而提高幼儿的感官和观察能力的发展，提升感知能力。

2. 有利于幼儿思维能力的培养

幼儿阶段是人类思维能力发展的低级阶段，幼儿的思维能力方式以直观行动思维和具体形象思维为主。在幼儿体育艺术游戏中，教师要为幼儿提供直观丰富的材料及工具，指导其自由选择游戏方式和游戏内容，帮助其养成乐于思考、善于思考的习惯。比如，在幼儿体育艺术游戏中，让幼儿自由探索如何利用某件游戏道具来完成指定动作，促使幼儿充分发挥想象力，不断地进行尝试，从而达到培养其思维能力的目的。在幼儿体育艺术游戏活动中，为了更好地达到游戏目标，教师可以指导幼儿进行相互交流，引导其发现问题，探索解决问题的方法，从而促进幼儿思维能力的发展。

3. 有利于幼儿语言能力的培养

语言是幼儿增进对外界的了解、表达个人想法的工具。在幼儿体育艺术游戏活动中，教师引导幼儿主动发表个人想法，与同伴进行积极的交流，促使幼儿对达成游戏目标的方法、分组方式和分组的根据、个人对游戏的理解等方面进行讨论，能够提高幼儿之间的交流频率，锻炼和培养幼儿的语言表达能力。

4. 有利于幼儿注意力的培养

幼儿的注意力类型以无意注意为主，同时有意注意也在逐步发展。帮助幼儿发展有意注意能力对其以后的学习和生活有着重要的作用。在艺术感受方面，有意注意表现为幼儿对亮色玩具的关注、在音乐伴奏下注意力更加集中等情况。幼儿体育艺术游戏可以通过不同的指令给予幼儿不同的刺激，提高幼儿的有意注意能力，比如播放不同旋律的音乐，根据不同的音乐旋律引导幼儿做出并保持特定的动作，锻炼幼儿对身体的控制力和注意力的集中性。

二、幼儿个性的形成

（一）幼儿的个性特质

个性是稳定、本质且具有一定倾向性的综合心理特征，是个人的共性中所凸显出来的部分。幼儿个性的形成受先天遗传因素和外界环境因素的影响，但对个性形成起决定作用的还是生活环境和教育环境等外界环境因素。幼儿时期是个性形成的初步时期，此时幼儿对社会的认知能力处于飞速发展的阶段，应抓住时机，从个人本质的表达、智力的开发等角度出发，进行适当的培养，实现幼儿心理的综合全面发展，为幼儿的健康成长创造有利条件。

（二）幼儿体育艺术游戏对幼儿个性形成的影响

根据幼儿的个性特质可知，幼儿体育艺术游戏对幼儿个性的形成起着以下作用。

1. 发展健全的人格

外界对幼儿的态度和评价是影响幼儿个性形成的重要因素，在幼儿体育艺术游戏活动中，幼儿保持积极良好的情绪对其优良个性品质的培养和形成十分重要。幼儿经常受到成人的表扬会产生自信和满足感，经常遭受成人的批评则会产生自卑和挫败感；幼儿保持积极乐观的情绪、经常感受到关爱，就会形成活泼、开朗、勇敢、善良的个性，相反经常处于消极、冷漠的环境中，就可能形成孤僻、懦弱、自私、粗暴的个性。经常参加幼儿体育艺术游戏活动，能够培养幼儿勇敢、自信、乐观、沉着的性格特质，教师在教学过程中具体问题具体分析，因材施教，有利于促进幼儿心理的全面发展，培养其健全的人格。

2. 培养自信心，发展积极向上的态度

在幼儿体育艺术游戏活动中，幼儿会产生不同的、复杂的游戏心理，易出现注意力不集中的情况，教师给予幼儿积极的暗示，鼓励幼儿主动参与游戏，注意观察幼儿的心理变化，进行正确的引导和帮助，能够促使幼儿发展积极向上的态度，培养幼儿锲而不舍的精神和团队合作精神，建立自信心。

3. 增强社会适应能力

在幼儿体育艺术游戏活动中，幼儿能够通过理解游戏规则，了解规则的重要性，学会遵守社会规则。在分工合作的过程中，幼儿能够学会与人交往的技巧，发展人际交往能力，从而增强社会适应能力。

本章小结

幼儿的骨骼以软骨成分为主，水分和有机物质较多，无机盐少，骨密质较差，骨骼富于弹性而不够坚固，不容易完全骨折而易于发生弯曲和变形。幼儿关节面软骨相对较厚，关节囊及韧带的伸展性大，关节周围的肌肉细长，关节活动范围大于成人，牢固性相对较差，在外力作用下较易脱位。幼儿体育艺术游戏对幼儿骨骼与关节发展的作用为促进骨骼生长，提高骨质坚实度；促使肢体均衡发育，养成正确的身体姿

势；加强关节牢固性，预防关节损伤；等等。幼儿体育艺术游戏对幼儿呼吸系统发展的作用主要有增大肺活量，提高呼吸功能；掌握适宜的呼吸方式，发展运动能力。幼儿体育艺术游戏还能够帮助幼儿发展健全的人格，激发幼儿的积极性和主动性，增强幼儿的社会适应能力。

思考与练习

1. 简要阐述幼儿运动系统的特征。
2. 简要阐述幼儿认知的特点。
3. 幼儿体育艺术游戏对幼儿的身体发展有什么作用？
4. 幼儿体育艺术游戏对幼儿的心理发展有什么作用？

第三章　幼儿体育艺术活动的体适能

本章导读

本章介绍了幼儿体育艺术活动的体适能表现，根据幼儿体育艺术活动的特征和体适能的相关定义与分类，研究并总结幼儿体育艺术活动的开展对体适能中柔韧素质、平衡素质、灵敏素质、速度素质、心肺适能、肌力与肌耐力、节奏感和表现力的发展所起到的作用，探讨与分析幼儿体育艺术活动是如何促进幼儿体适能不同方面发展的，对于充分发挥幼儿体育艺术活动对改善和增强幼儿体适能的作用具有十分重要的意义。

学习目标

- 了解幼儿体育艺术活动中各项体适能的相关定义与发展特征。
- 熟悉幼儿体育艺术活动与幼儿体适能的关系。
- 掌握幼儿体育艺术活动对幼儿体适能发展起到的作用。

案例导入

为响应《幼儿园教育指导纲要（试行）》政策，某幼儿园在国家体育总局体操中心的支持下，每周在园内对幼儿开展两到三次幼儿体育艺术活动。它将身体锻炼、音乐熏陶、舞蹈舞姿和灵巧协调等有机结合起来，通过多种训练方法让幼儿们在娱乐中锻炼，在玩耍中增强体质，达到提升智力、增强体质、塑造形体和培养优雅气质的目的。其教学内容注重趣味性和娱乐性；其教学方法体现灵活性和多样性；其锻炼过程讲究游戏化和自觉性；其器材设备确保安全性和多彩性；其教学结果以人为本，因人而异，量力而行。在开展幼儿体育艺术活动之后，家长们纷纷表示，幼儿们的身体素质有了较大的提升，同时心智表现也更加成熟，变得更加快乐、积极、勇敢和自信，表现力和节奏感的增强也在一点一点地影响幼儿自身的气质和审美。在幼儿体育艺术活动中，幼儿的协调沟通能力、团队组织能力、解决问题能力都得到了锻炼和提高。

点评：幼儿体育艺术活动动作具有韵律感，富有趣味性和模仿性，配乐节奏鲜明，符合儿童生理、心理发展规律。通过开展幼儿体育艺术活动教学，利用丰富的教学内容和多样的教学方法，可以有效地促进幼儿的体适能各项生理指标的发展，同时还能培养幼儿的节奏感与表现力，促进幼儿身心全面发展。

第一节　幼儿体育艺术活动柔韧素质

一、柔韧素质的定义与发展特征

（一）柔韧素质的定义

柔韧素质是指人体关节在其正常活动范围内畅通无阻地做全幅度活动以及肌肉、肌腱和韧带等软组织进行伸展的能力，属于体适能中的健康体适能。柔韧素质根据外部运动状态又可以具体分为动力性柔韧性和静力性柔韧性。动力性柔韧性是指肌肉、肌腱、韧带根据动力性技术动作需要，拉伸到解剖学允许的最大限度，随即利用强有力的弹性回缩力来完成所要完成的动作的能力。所有爆发力前的拉伸均属于动力性柔韧性。静力性柔韧性是指肌肉、肌腱、韧带根据静力性技术动作的需要，拉伸到动作所需要的位置角度，控制其停留一定时间所表现出的能力。柔韧素质的好坏，会直接影响个体在运动时的表现。

（二）幼儿柔韧素质的发展特征

幼儿的运动系统发育迟缓，在 3 岁以前柔韧素质显得比较突出，随着运动系统发育加速，柔韧素质将随之下降。3 岁以前幼儿的关节具有关节窝较浅，关节囊、韧带较松弛，肌肉纤细等特征，因此关节活动范围大、伸展性强。3 岁以后，随着骨骼、肌肉的快速增长，关节窝不断增厚，关节周围的韧带逐渐增厚，肌肉皮肤的伸展性逐渐降低，关节的活动范围逐渐缩小，此时神经系统对骨骼肌的调节能力较差；近 5 岁时，肌肉水分减少，关节周围的肌肉、肌腱和韧带得到有效的增强，关节的稳固性得到增加，关节的活动性也就逐渐减少。但是肌肉、韧带等软组织的伸展性不是一朝一夕就能提高的，而是由不适应到适应的逐步提高的过程。对于幼儿柔韧素质的练习应逐步提高要求，做到循序渐进。因此，从幼儿期开始进行系统的柔韧素质练习，是发展柔韧素质的重要手段。

二、柔韧素质的影响因素

韧带、肌腱和肌肉的长度都决定着每个关节的活动范围，这些结构上限制柔韧性的生理因素包括：骨及有关的关节结构；关节相关的肌肉；关节囊及韧带；肌腱及其他结构组织和关节周围的皮肤。总的来说，影响个体柔韧素质的因素有以下几个方面。

（一）年龄

人出生后其柔韧性便开始退化，3 岁以前柔韧素质显得比较突出，随着运动系统发育加速，柔韧素质将随之下降。

（二）性别

男性的肌肉比较发达，骨架比较大；女性的肌肉比较纤细，骨架比较小。这些都会直接影响肢体的伸展程度及范围。

（三）遗传

骨架的结构及比例受遗传影响，若适当地进行伸展运动，可以有效地提升柔韧性。

（四）体温

体温上升可以降低肌肉及关节囊间的黏着性，同时增加其延伸性。未热身的关节比已热身的关节柔韧性差 10%～20%。

（五）运动

关节不常活动，组织间就会产生黏滞性，影响个体柔韧素质，缺乏运动是影响柔韧性的主要因素之一。只要正常运动，在刺激与应激的作用下，关节就可保持正常的柔韧性。

三、幼儿体育艺术活动对柔韧素质发展的作用

根据幼儿柔韧素质的发展特征可知，幼儿体育艺术活动可以增强幼儿关节柔韧性、改善其体形及平衡肌肉发展，具体如下。

（一）增强幼儿关节柔韧性

幼儿体育艺术活动中的关节活动可促使血液及养分进入关节囊，使周围组织更润滑、更有弹性。有了养分，幼儿的关节囊滑液得以维持平均的质量，可减缓关节及软骨组织的退化，进而增强其关节的柔韧性，使其在运动中可用较少的力量达到较大的活动范围，减少因过度伸展而产生的创伤。

（二）改善体形及平衡肌肉发展

幼儿通过长期参与幼儿体育艺术活动，可缓解肌肉僵硬，令身体的软组织结构进行再排列，纠正幼儿的不良坐姿或站姿，同时提高幼儿肌肉细胞的神经元反射速度，使幼儿接受刺激的反应加快，达到改善体形和平衡肌肉发展的目的。

增强幼儿柔韧素质的幼儿体育艺术活动如图 3－1 所示。

图 3－1　增强幼儿柔韧素质的幼儿体育艺术活动

第二节　幼儿体育艺术活动平衡素质

一、平衡素质的定义与发展特征

（一）平衡素质的定义

平衡素质是指身体保持一定姿态的素质，是在运动状态下，能够自动地调整受外力干扰的身体姿态的素质。人的任何运动几乎都是在维持身体平衡的状态下进行的，尤其是大肌肉的活动，更需要有较好的平衡素质才能胜任。平衡素质可以分为静态平衡素质和动态平衡素质。静态平衡素质是指保持身体重心和姿势相对静止的素质；动态平衡素质是指人体在身体位置改变或移动的状态下控制与调整姿势和重心的素质。

（二）幼儿平衡素质的发展特征

平衡素质的锻炼是幼儿基本运动技能的学习和提高中最为关键的一部分。幼儿身体控制和平衡素质的发展有一定的顺序，会受到环境、任务和个体因素的影响。身体控制和平衡素质在4岁前后处于快速发展阶段，在5～6岁前后处于缓慢发展阶段。静态平衡素质在3～6岁时随着年龄的增长而迅速发展，发展的关键期出现在4～6岁。而动态平衡素质的快速发展期出现在4～5岁，5岁时显著增强。6～8岁儿童的身体平衡素质已经达到接近成人的成熟水平。幼儿身体控制和平衡素质的发展存在性别差异，男童动态平衡素质发展优于女童，女童静态平衡素质发展优于男童。

二、平衡素质的影响因素

平衡素质作为人体的一项基本素质，不管是在运动中还是在日常生活中都起着非常重要的作用。而它又受诸多因素的影响，具体包括以下几个方面。

（一）年龄和视力

年龄的增长和视力的下降都会使平衡素质在一定程度上受到影响。儿童的姿态稳定性随年龄增长而逐渐趋于成熟，幼儿可能以一种与成年人不同的方式利用视觉系统来维持姿态的稳定性，8岁以后类似于成年人的姿态平衡开始出现。

（二）前庭器官

前庭器官对于幼儿维持身体平衡起主导作用，其稳定性可在参与幼儿体育艺术活动的过程中得到改善。

（三）本体感觉

肌肉、肌腱、韧带和关节的本体感受器对压力和肌肉、关节形状的改变非常敏感，使我们能感觉到身体的位置和运动状态，这种感觉称为本体感觉。

（四）肌力

在一定程度上，肌力的增强对平衡素质的提高有重要作用。

三、幼儿体育艺术活动对平衡素质发展的作用

根据幼儿平衡素质的发展特征可知，幼儿体育艺术活动对幼儿平衡素质的发展起着以下作用。

（一）促进幼儿平衡素质的发展

幼儿的平衡素质随着年龄的增长而逐步增强，幼儿通过参与幼儿体育艺术活动，可以更有效地发展其平衡素质，主要表现为通过视觉系统对静态平衡姿势进行控制的能力会有明显改善和提高。增强幼儿平衡素质的幼儿体育艺术活动如图3-2所示。

图 3-2　增强幼儿平衡素质的幼儿体育艺术活动

（二）有效锻炼前庭器官

幼儿在进行幼儿体育艺术活动时，会有意识地跟随音乐或指令进行含有摇摆和旋转方式的运动，通过循序渐进地进行运动，可以有效地锻炼幼儿的前庭器官，提升平衡素质。

（三）增强幼儿本体感觉

幼儿在体育艺术活动中的转头、翻身、抬头、坐立、爬行、站立、行走等动作可以促进其大小肌肉的发展，同时也会促进本体感觉的发展，从而促进幼儿平衡素质的发展。

（四）增强幼儿肌肉力量

幼儿参与体育艺术活动的同时也能在一定程度上增强自身的肌肉力量，从而加强对身体的控制，逐步提升平衡素质。

第三节　幼儿体育艺术活动灵敏素质

一、灵敏素质的定义与发展特征

（一）灵敏素质的定义

灵敏素质是指人体在各种突然变化的条件下，迅速、准确、协调、灵活地完成动作的能力，是人多种运动技能和身体素质在运动中的综合表现。大脑皮层神经活动过程的灵活性及分析综合能力，是灵敏素质的重要生理基础，因此可通过训练改善和提高各感受器官的功能，以增强灵敏素质。良好的灵敏性有助于幼儿更快、更多、更准确、更协调地掌握运动技术及其练习手段，使已有的身体素质充分、有效地运用到实践中去。

（二）幼儿灵敏素质的发展特征

灵敏素质首要的生理基础就是大脑皮层神经活动过程的灵活性及分析综合能力，同时灵敏素质的发展与各种分析器机能的改善有密切关系。另外，灵敏素质还是多种运动技能和身体素质在运动中的综合表现。神经系统的发育程度表明，3～6 岁是灵敏协调性的快速发展期，也是幼儿学习动作技能的关键期。而运动技能又是在多种感觉机能的参与下在大脑皮层有关中枢间建立的暂时神经联系，这种暂时联系建立得越多，在环境条件发生改变需要做出反应时，大脑皮层有关中枢间暂时神经联系的建立就越迅速和准确。因此，掌握的运动技能越多、越熟练，灵敏素质就能越充分地表现出来。

二、灵敏素质的影响因素

（一）年龄、性别和体形

青春发育期以前，儿童的灵敏性稳定提高。到了生长发育突增期，灵敏性不再提高，甚至会下降。过了这个时期，灵敏性又会逐渐提高，直至成熟。青春发育期之前，男女性别差异不明显；而进入青春发育期后，性别差异越来越大，男性灵敏性明显高于女性。同时，体形（高矮、胖瘦）也会影响动作的灵敏性。

（二）神经系统

大脑皮层神经活动过程的均衡性和灵活性对灵敏性有着重要影响。兴奋和抑制过程均衡而且相互转换速度快的人，其灵敏性也高。同时，对时间和空间的感觉和准确判断能力以及反应速度也会影响动作的灵敏性。

（三）平衡、速度、力量和协调能力

灵敏素质水平的高低一般由平衡、速度、力量和协调能力所决定。平衡能力能够保持身体在静止或运动时的重心稳定；速度是保障身体向各方向快速移动的能力；力量是保障肌肉或肌肉群克服阻力的能力；协调是保证身体运动与感受器协调配合的能力。

三、幼儿体育艺术活动对灵敏素质发展的作用

根据幼儿灵敏素质的发展特征可知，幼儿体育艺术活动对幼儿灵敏素质的发展起着以下作用。

（一）提高大脑皮层神经灵活性

幼儿通过体育艺术活动进行各种调整身体位置的动作练习以及在跑、跳中做迅速改变方向的各种跑、躲闪、突然起动等快速急停和迅速转体练习，可以有效地提高幼儿大脑皮层神经的灵活性。

（二）建立条件反射

幼儿在体育艺术活动的练习过程中按照已知的标准形式快速改变运动的方向，建立相关动作的条件反射，可以增强幼儿自身的平衡、速度、力量和协调能力，以此达到发展灵敏素质的目的。此外，幼儿体育艺术活动所配备的视觉和听觉辅助，可以让幼儿根据不同的刺激对运动形式做出瞬间的判断，从而增强其灵敏素质。

增强幼儿灵敏素质的幼儿体育艺术活动如图 3－3 所示。

图 3－3　增强幼儿灵敏素质的幼儿体育艺术活动

第四节　幼儿体育艺术活动速度素质

一、速度素质的定义与发展特征

（一）速度素质的定义

速度素质是指人体快速运动的能力。快速运动的完成依靠的是机体实现运动加速度和最大速度的能力。速度素质包括：反应速度、动作速度、移动速度。反应速度是指人体对各种信号刺激（声、光、触等）做出快速应答的能力；动作速度是指人体或人体某一部分快速完成动作的能力；移动速度是指人体在特定方向上快速位移的能力。

（二）幼儿速度素质的发展特征

速度素质发展程度与幼儿神经系统发育程度紧密相连。反应速度主要取决于兴奋通过反射弧所需要的时间的长短、中枢神经系统的机能状态和运动条件反射的巩固程度。动作速度取决于肌纤维类型的百分比及面积组成，肌肉力量、肌肉组织的兴奋性和运动条件反射的巩固程度等因素。位移速度主要取决于步长与步频。步长主要取决于肌力的大小、肢体的长度及髋关节的柔韧性；步频主要取决于大脑皮层运动中枢的灵活性和各中枢间的协调性，以及快肌纤维的百分比及肥大程度。儿童 6～12 岁时速度素质提高幅度较大，9～12 岁这一阶段提高得最为显著；12 岁以后，速度素质发展速度减慢；到 16 岁时由于内分泌系统等机能产生了质的飞跃，速度素质又将快速提高，到 20 岁以后速度素质提高速度会慢下来。

二、速度素质的影响因素

个人的速度素质是否足够优秀，主要取决于中枢神经系统的功能，引起该部位运动的肌肉力量大小，柔韧素质、体脂比和技术动作合理性等。

（一）中枢神经系统的功能

速度素质的高低受中枢神经系统兴奋与抑制的转换速度和神经-肌肉协调性的影响。

（二）肌肉力量大小

动作最终依靠的是肌肉收缩，技术动作所涉及的肌肉快速收缩能力是快速完成动作的重要条件，肌肉中较高的快肌纤维比例就意味着可产生快速的、较高功率的收缩。

（三）柔韧素质、体脂比和技术动作合理性

柔韧性是影响速度素质的重要因素，没有良好的柔韧性，即使是一个力量大、协调性好的成人，其移动速度也不会达到很高的水平。同时，体脂比和技术动作合理性也对速度素质有着一定的影响。

三、幼儿体育艺术活动对速度素质发展的作用

根据幼儿速度素质的发展特征可知，幼儿体育艺术活动对幼儿速度素质的发展起着以下作用。

（一）提升动作合理性

长期参与幼儿体育艺术活动，可以很好地促进幼儿神经系统和运动系统的发育，

增强幼儿大脑皮质神经兴奋和神经肌肉的协调性。同时，幼儿在参与体育艺术活动时可以使用单一动作技巧或联合性的动作技巧，并了解各种动作概念，在锻炼运动技能的同时可以有效地锻炼到全身的肌肉，从而增强幼儿的速度素质。

（二）增强速度类相关身体素质

幼儿体育艺术活动中动作的多样化可以促进幼儿力量、柔韧、速度、耐力以及灵敏协调性的发展，能够有效地提升韧带、肌腱、肌肉、皮肤和其他组织的弹性和伸展力，因此，幼儿长期参与体育艺术活动能够增强速度类相关身体素质，从而达到发展速度素质的目的。

增强幼儿速度素质的幼儿体育艺术活动如图 3－4 所示。

图 3－4　增强幼儿速度素质的幼儿体育艺术活动

第五节　幼儿体育艺术活动心肺适能

一、心肺适能的定义与发展特征

（一）心肺适能的定义

心肺适能是指全身大肌肉进行长时间运动的持久能力，是体内心肺系统供氧给身体各细胞及其用氧的能力。如果身体的心脏及血管功能良好，心脏泵血的能力和效率就高，氧和二氧化碳的气体交换程序就会很顺畅，身体细胞利用氧的能力就强。若经常从事心肺耐力练习的话，我们的心血管系统、呼吸系统及细胞用氧能力都会提高，使身体可以在很短的时间内获得充足的氧供应而产生足够的能量，供全身大肌肉做长时间的持久性运动。这便是有氧运动引致的心肺耐力体适能。

（二）幼儿心肺适能的发展特征

心肺适能的生理基础是心血管与呼吸系统，其发育迟缓于运动系统。幼儿心脏发育不够完善，心肌收缩力较弱，心脏容量较小，每搏输出量较少，而新陈代谢又十分旺盛，只有靠加快心脏搏动的频率才能增大心输出量以适应机体的需要。幼儿年龄越小，其心率就越快。幼儿肺的发育也不完善，呼吸肌较弱，肌张力差，肺通气量和肺活量小，呼吸浅而快。幼儿期不是发展耐力素质的关键时期，但适宜的耐力练习是促进心血管与呼吸系统发育的重要手段。

二、心肺适能的影响因素

（一）生理学因素

心脏功能是影响心肺适能的最主要生理学因素。心脏作为心血管系统的动力器官，其主要生理功能是收缩射血，推动全身的血液循环，以适应劳动、运动等不同体力活动和其他生命活动的需要。而血管功能的增强对心肺适能的影响主要是通过降低外周血管阻力，减少心室射血的后负荷，使得心室射血变得更加顺畅。人体运动等各种生命活动所需要的氧气和营养物质以及新陈代谢产生的二氧化碳等代谢产物均离不开肺与组织的呼吸以及血液的运输作用。运动生理学研究表明，长期从事耐力性运动能够增加血液中血红蛋白的含量和血氧运输能力，从而改善心肺适能。

（二）遗传

遗传因素是影响心肺适能的重要因素。最大摄氧量、最大通气量、红细胞和血红蛋白、慢肌纤维的百分比等都与遗传有关。

（三）年龄和性别

人体在发育过程中，最大摄氧量的绝对值随年龄增长而增加，男子约在 16 岁时达到顶峰，女子约在 14 岁时达到顶峰。14 岁时，男女最大摄氧量绝对值的差异约为 25%，16 岁时高达 50%。25 岁以后，最大摄氧量以约每年 1%的速度递减，55 岁时最大摄氧量较 20 岁时平均减少约 27%。

三、幼儿体育艺术活动对心肺适能发展的作用

根据幼儿心肺适能的发展特征可知，幼儿体育艺术活动对其心肺适能的发展起着以下作用。

（一）降低心率变化率

长期参与幼儿体育艺术活动可促使幼儿心肌在形态、机能和代谢方面发生重塑性

变化，如心肌毛细血管密度增加、线粒体数目和体积增大、心肌细胞肌浆网释放和自身摄取钙离子的能力增强、心脏利用乳酸供能能力提高等。因而长期参与幼儿体育艺术活动可以使幼儿心肌收缩力增大，搏出量增多，降低其心率变化率。

（二）增加肺活量

幼儿参与体育艺术活动时自身能量消耗大，氧耗量大，产生的二氧化碳多，血液中缺氧、二氧化碳潴留刺激呼吸中枢，使呼吸加深加快，能有效增强呼吸肌的力量，提高肺的弹性，使呼吸的深度加大，提高和改善肺呼吸的效率和机能。

（三）提升每分钟最大通气量

幼儿长期参与体育艺术活动会引起幼儿体内肌肉线粒体数量和体积的增加，并增强肌肉的血循环和氧化代谢，从而使幼儿呼吸肌增大增粗，起到提高每分钟最大通气量的作用。

增强幼儿心肺适能的幼儿体育艺术活动如图 3－5 所示。

图 3－5　增强幼儿心肺适能的幼儿体育艺术活动

第六节　幼儿体育艺术活动肌力与肌耐力

一、肌力与肌耐力的定义及发展特征

（一）肌力与肌耐力的定义

肌力是指肌肉或肌群对抗某种阻力时所发出的力量，一般是指肌肉或肌群在一次收缩时所产生的最大力量或所能克服的最大对抗阻力。而肌耐力是指在进行反复被动收缩运动时的一种持续能力，或是指肌肉维持某一固定用力状态的时间。二者都是以身体的肌肉为主体，故也可以合称为肌肉适能。

（二）幼儿肌力与肌耐力的发展特征

幼儿随着年龄的增长，其身体各部位肌力与肌耐力发育表现出不平衡的特征。儿童身体各部位肌肉发育的先后规律一般为：躯干肌先于四肢肌，上肢肌先于下肢肌，屈肌先于伸肌，大块肌肉先于小块肌肉。一般 8～9 岁以后，肌肉发育的速度开始加快，力量逐渐增加。15 岁以后，小肌肉群也迅速发育。15～18 岁是躯干力量增长最快的时期。其中肌力与肌耐力随年龄的增长速度是不均匀的，在生长加速期，肌肉纵向发展较快，其肌力与肌耐力均较差。生长加速期后，肌肉横向发展较快，肌纤维明显增粗，肌力与肌耐力显著增加，全身肌肉的协调、整合能力通常在青春期后期才逐渐完善。

二、肌力与肌耐力的影响因素

（一）性别和年龄

男性的肌肉力量和肌肉的耐力与质量通常比女性强大，这与各自的生理结构和内分泌有关。而在年龄方面，儿童从 6 岁开始，力量随着年龄的增长而增大，女孩力量最大增长出现在 10.5 岁，随后增长速度减慢，而男孩从 14 岁时开始出现最大增长，直到 20 岁力量都有明显增长。男女达到最大肌肉力量的年龄分别在 25 岁和 22 岁左右，此后随着年龄的增长，身体大部分肌肉力量开始衰退。

（二）肌肉长度、附着点和纤维种类

相对来说，四肢长度短小，而肌肉长度较长者，较容易锻炼力量及运用力量。在肌肉附着点方面，依杠杆原理可知，肌肉或肌群末端的肌腱附着于骨骼的远近，可直接影响力量的大小。而在肌肉纤维种类方面，快肌纤维对力量产生有着较大的优势，而且快肌在神经肌肉反应方面也比慢肌快。

（三）体育锻炼

体育锻炼能促进儿童少年身心发育和增强体质。体育锻炼通过对新陈代谢的直接作用，使肌肉中的线粒体氧化酶活性增加，肌肉获得更多营养，从而增强肌肉力量。同时，体育锻炼能使血液循环增强，代谢旺盛，肌肉和骨骼得到更好的血液供应，从而使肌纤维增粗，肌肉的弹性以及肌肉耐力也得到提高和改善。

三、幼儿体育艺术活动对肌力与肌耐力发展的作用

根据幼儿肌力与肌耐力的发展特征可知，幼儿体育艺术活动对幼儿肌力与肌耐力的发展起着以下作用。

（一）改善神经控制能力

幼儿长期参与体育艺术活动，可以让神经协调能力得到一定的改善，而神经协调能力的改善有助于肌肉力量的增加。长期而规律的运动能充分激活肌肉能力，完善协作肌和拮抗肌的协调性。

（二）增强肌力与肌耐力

长期参与幼儿体育艺术活动可促进幼儿肌肉中蛋白质含量的增加，使肌肉的体积和横断面增大，同时还会带来肌肉的结缔组织增厚、毛细血管网增多等其他形态结构方面的适应性变化；同时使运动中枢的机能得到改善，使每一块肌肉中参与活动的运动单位数目增多，从而使肌肉收缩的力量增大、耐力增强。增强幼儿肌力与肌耐力的幼儿体育艺术活动如图 3-6 所示。

图 3-6　增强幼儿肌力与肌耐力的幼儿体育艺术活动

第七节　幼儿体育艺术活动节奏感

一、节奏感的定义与发展特征

（一）节奏感的定义

节奏感是指客观事物和艺术形象中合规律的周期性变化的运动形式引起的审美感受。而运动中的节奏感是指包括运动动作的快慢，用力的大小，肌肉收缩、舒张与时间间隔的长短合理交替等在内的一种综合特征，即各个运动动作按特定的顺序和时间间隔的比例交替进行的时间特征。

（二）幼儿节奏感的发展特征

幼儿因其大脑及身体动作的年龄发育特点，对声音节奏和动作节奏的感受不能相互协调，所以节奏感较差。而随着年龄的增大，幼儿对声音节奏和动作节奏的观察越来越清楚，大脑理解力逐渐加深，节奏感也会不断加强。一般 3～4 岁幼儿可以通过大量的身体动作表演与声音获得稳定的节拍感；4～5 岁幼儿可以通过动作快与慢的配合以及声音讲解来理解节奏感；5～6 岁幼儿已经能够理解动作和声音的节奏，并且能独立完成动作和声音的变换，来展示自己的节奏感。

二、节奏感的影响因素

（一）客观因素

如诗歌、音乐自有其韵律，有长短音或轻重音，其节奏的组合在作品中已经体现出来，幼儿体育艺术活动中的动作节奏也是如此。幼儿体育艺术活动中所配音乐是为动作本身服务的，节奏鲜明的音乐不仅可以激发幼儿的情绪，提高幼儿的兴奋程度，还能消除幼儿的疲劳和紧张，愉悦心情。当幼儿对客观因素的理解和感受能力差时，如听不懂音乐，做动作就会慢半拍或快半拍，不仅影响幼儿参与体育艺术活动的节奏，也影响其自身的学习兴趣。

（二）主观因素

人之所以能主观地感受节奏，靠的就是感知能力，特别是对时间的知觉和对力度的感觉，人们可以借此分辨节奏的变化。通过对声音的记忆，人们可以把听到过的声音和看见的动作变成有组合的结构再现，并形成一种习惯性的规律运动。此外，人从婴儿时期开始就会出现自发、不随意的节奏活动，在成长过程中它逐渐发展成为肌肉控制的有节奏的随意运动。

三、幼儿体育艺术活动对节奏感发展的作用

根据幼儿节奏感的发展特征可知，幼儿体育艺术活动对幼儿节奏感的发展起着以下作用。

（一）培养节奏感

幼儿通过参与幼儿体育艺术活动来学习用听的方法探索节奏，感知音乐声中的节奏。让幼儿仔细聆听音乐并自由地做各种动作，亲自感受各种各样的节奏，慢慢地幼儿就会发现这些声音在不停变化，又有一定的规律性。幼儿在体育艺术活动中可以体验声音中的节奏感，并且培养跟着音乐节奏做出有规律的身体动作的能力，从而获得对节奏感的较为粗浅的理解。增强幼儿节奏感的幼儿体育艺术活动如图 3-7 所示。

图 3-7 增强幼儿节奏感的幼儿体育艺术活动

（二）固化节奏感

幼儿在参与体育艺术活动一段时间后，能够逐渐在有音乐伴奏的情况下，把自己对节奏的感受和理解用动作表现出来。动作可由幼儿根据自己对音乐的体会进行表演，比较自由、灵活，由教师加以引导、启发，循序渐进地帮助幼儿用他们自己的动作表现节奏，促使幼儿的嘴巴、身体及思维都动起来。此阶段的幼儿已经能够固化节奏感，能够有目的性地控制自身的身体动作，使其符合当前的音乐伴奏或者环境，对于节奏感也有了较为细致和完整的理解。

（三）融入节奏感

长期参与体育艺术活动的幼儿，不仅能在音乐的伴奏下充分发挥想象力、创造力，用身体动作融入自身感受出的各种各样的节奏中，而且能在没有音乐的环境下，通过自身肢体动作来展示自己的节奏感。这个阶段的幼儿不仅能融入外界音乐节奏中，也开始能融入自身的节奏感中，对于节奏感已经有了很清晰的认识和理解。

第八节　幼儿体育艺术活动表现力

一、表现力的定义与发展特征

（一）表现力的定义

表现力指在完成某项具体工作的过程中，自身潜在能力的凸显。而在不同的方面表现力也有着不同的含义，例如自我表现力、职场表现力、语言表现力等。本书所指的表现力为动作表现力，是指身体动作与内心活动相结合的外在展示，即一种自我展示与表达的能力。

（二）幼儿表现力的发展特征

不同年龄段的幼儿不仅认知发展水平有差异，其表达方式也是不尽相同的。年龄较小，心智发育不成熟，还不能熟练地使用语言来与人交流时，他们会选择其他的方式来表现自己、满足自己。部分幼儿因为自身或者家庭的原因形成了胆小和缺乏自信的性格特点，这是其在发展初期缺乏表现力的重要原因。但是随着年龄的日益增长，心智发育逐渐成熟，幼儿的表现力也在越来越敢于表现的过程中逐渐发展起来。

二、表现力的影响因素

（一）先天性条件

从某种意义上说，一个人的身形条件、感知能力和情感表达能力都和遗传有关，这是决定个人表现力的先天条件。例如从人们的心理承受能力（心理素质）来看，部分人心理素质较好，在较为严肃正式的场合也能表现出淡定自若的神态，并且具有逻辑性思维，在任何场合皆能做到不怯场，这就是表现力强的表现。但心理素质较差的人，常产生紧张、焦虑等心理，进而导致办事效率下降，这就是表现力差的表现。

（二）后天性条件

家庭因素、学校教育等是构成一个人后天性条件的主要方面，它们对幼儿表现力的发展有着巨大的影响。例如家庭氛围较好，幼儿的心理素质也会较好，这样的幼儿因受家庭的熏陶而较家庭氛围较差的幼儿表现力通常更强。在学校教育方面，如果一个幼儿在学校学习的过程中遇到了一个对表现力有深刻感悟又注重学生表现力培养的老师，该幼儿在表现力的形成与发展上往往更能取得显著效果。

三、幼儿体育艺术活动对表现力发展的作用

根据幼儿表现力的发展特征可知，幼儿体育艺术活动对幼儿表现力的发展起着以下作用。

（一）激发幼儿参与兴趣

幼儿体育艺术活动可以充分调动幼儿已有的体育艺术基础，并且生成新的基础，便于幼儿理解与学习。其中游戏是幼儿主要的学习方式，它能带给幼儿快乐和满足，

能使幼儿产生持久的热情，激发其参与表现的兴趣，更容易引发幼儿自主表现的欲望。

（二）引导幼儿互相启发

在幼儿体育艺术活动中，幼儿会以自我为中心，注重自我创造、自我赏识和自我满足。幼儿体育艺术活动能够为幼儿创造表现自己能力的机会和条件，引导幼儿相互交流、相互欣赏和共同提高，且体育艺术活动中的动作以幼儿自主编创为主，会激发幼儿强烈的表现欲望。

（三）搭建供幼儿自主表现和探索的平台

幼儿体育艺术活动为幼儿提供了一个自主表现的表演空间，可以让幼儿大胆表达自己的情感、理解和想象，满足幼儿爱跑、跳、爬、表演和创造的欲望，为幼儿提供自主表现的机会，从而提高幼儿的表现力。

增强幼儿表现力的幼儿体育艺术活动如图 3－8 所示。

图 3－8　增强幼儿表现力的幼儿体育艺术活动

本章小结

幼儿身体素质较差，意外受伤率较高，因此在幼儿园开展的体育艺术活动，不仅是一种技能的训练，还是一种增强体质的有效手段，能够在促进幼儿生长发育、增强体质的同时，对幼儿的心理发展产生正面影响。对比单一体育运动，幼儿体育艺术活动在设计之初便充分考虑了幼儿的学习特点和认知规律，通过开展丰富多样的身体活动，提高幼儿的柔韧素质、平衡素质、灵敏素质、速度素质、心肺适能、肌力与肌耐力、节奏感和表现力等。

思考与练习

1. 简述幼儿体育艺术活动与幼儿体适能的关系。
2. 幼儿体育艺术活动是如何促进幼儿体适能不同方面的发展的?
3. 幼儿体育艺术活动相较于单一的体育活动对于幼儿体适能的发展有何优势?

第四章　基本动作类体育艺术游戏

本章导读

本章介绍了幼儿基本动作的主要内容，探讨如何利用游戏科学安全地促进幼儿基本动作快速、全面地发展；同时设置相关游戏案例以供参考和运用。

学习目标

- 了解基本动作类游戏的目标。
- 熟悉游戏对幼儿基本动作发展的作用。
- 掌握幼儿基本动作的主要内容。

案例导入

某幼儿园教师为了活跃课堂氛围，经常带领小朋友们做游戏。一段时间后，她发现自己课上组织的游戏无法全面地促进幼儿基本动作的发展，于是，她对多种游戏进行改进，设置情境，加入走、跑、跳等动作环节，完善了游戏规则。多种新游戏给小朋友们带来了新鲜感，调动了他们的积极性，游戏中对动作的要求保证了小朋友们基本动作练习的活动量，科学安全地促进了小朋友们基本动作的发展。

点评：教师了解对幼儿基本动作发展具有促进作用的游戏活动内容，在幼儿体育艺术游戏活动中设计跑、跳等基本动作，有针对性地指导幼儿玩要，有利于科学、安全、快速地促进幼儿基本动作的发展。

第一节 基本动作类游戏的意义与目标

近年来，已有很多研究表明，人在幼儿时期形成的基本动作技能将会使人受益终身，并且在此阶段形成的基本动作技能将会对青少年时期的运动能力和体能，以及身体活动水平和心肺适能产生积极影响，同时也会对幼儿和青少年的感知能力、肌肉力量、肌肉耐力以及体重产生积极影响。然而，当前我国幼儿基本动作技能发展情况不容乐观。随着物质条件越来越好，孩子的生活环境越来越优越舒适，每天都有家人细心的照顾和保护，幼儿普遍存在运动不足的情况。幼儿期是基本动作技能发展的关键期，如果在此阶段幼儿动作发展存在的问题未能发现并及时补救，就可能导致幼儿基本运动能力以及其他发展领域的缺陷与不足。幼儿是通过在物质世界活动中与其他孩子互动来构建知识的，游戏是幼儿认识世界的主要途径，是发展幼儿基本动作的载体。游戏在幼儿的生长发育过程中占有重要的位置，贯穿了幼儿的整个成长期，对于发展幼儿的基本运动能力具有重要意义。

幼儿时期是基本动作发展的敏感时期，幼儿基本动作的发展对其身心成长起着至关重要的作用。随着我国对幼儿动作发展情况的关注度日益提高，教育部在2012年正式颁布的《3～6岁儿童学习与发展指南》中把幼儿“健康”置于五大领域目标之首，论证了幼儿健康发展的战略意义，并在发展目标和教育建议中鼓励开展丰富多样的、适合幼儿年龄特点的各种身体活动，如走、跑、跳、攀、爬等粗大动作的学习，同时也提出应创造条件和机会，促进幼儿手眼动作灵活性、协调性等精细动作的发展。

第二节　幼儿基本动作的内容

基本动作是指人体最基本的活动技能，是人们在日常生活和社会实践活动中所必需的、最基本的身体运动技能。幼儿的基本动作主要包括走、跑、跳跃、钻爬、投掷和平衡等；基本动作技能主要包括操作技能、位移技能和非位移技能。幼儿基本动作发展的基本规律为从简单动作阶段到复杂动作阶段、从低水平动作阶段到高水平动作阶段。

一、走的内容

（一）各个年龄段走的特点

（1）3 岁幼儿走步时，蹬地力量弱而不均，步幅小，速度不均匀，落地较重，脚间距离宽，左右脚力量不均，身体左右摇摆，走不成直线。排队时注意力分散，好东张西望，时常会走出队伍。

（2）4～5 岁的幼儿，步幅已经稳定，动作较平稳，已逐渐形成自己的走步节奏。在教师的引导下，幼儿在排队走步时已能随节拍走，但节奏感不强，调节节奏的能力较差。

（3）5～6 岁的幼儿，走的动作已比较协调，轻松自然，平稳有力，已初步形成个人走步的姿态，排队走步时已经能初步按信号节奏调节步幅、步频并能初步控制走步的速度。

（二）走步练习

根据幼儿走的特点，可利用游戏进行以下走步练习：

（1）走的游戏可以创设一定的情境，进行不同方向、不同形式、不同速度的走步练习，培养幼儿走的兴趣与能力，鼓励幼儿积极参与。

（2）根据 3 岁幼儿走的特点，可设置模仿走步和增强注意力的游戏，培养幼儿排队走步时不东张西望、不掉队的能力。

（3）根据4～5岁幼儿走的特点，可设置"蒙眼捉迷藏"的游戏，发展幼儿闭眼走的能力和方位知觉，并在游戏中多设立规则，培养幼儿遵守规则和纪律的能力和行为习惯。

（4）根据5～6岁幼儿走的特点，可设置多种走步方法结合的接力比赛，如闭眼走、后退走、踮脚走等。

二、跑的内容

（一）各个年龄段跑的特点

（1）3岁左右的幼儿跑步的特点是小碎步跑，缺乏节律，脚步沉重，方向掌握不好，脚离地面动作差，落地时往往是全脚掌着地，手脚动作不协调，腾空动作不是很明显。

（2）5～6岁的幼儿开始能逐步掌握跑步的基本特点，速度和竞赛意识增强，跑步能够做到轻松、有节律、动作较协调，腾空动作较为明显，步幅增大，控制跑的能力显著提高，在跑中转身、停、躲闪都比较灵活。

（二）跑步练习

根据幼儿跑的特点，可利用游戏进行以下跑步练习：

（1）可设计多样化的跑步游戏，让幼儿在不同速度、不同路线、不同方向的跑动中体验乐趣，发展幼儿的速度素质、耐力素质、灵敏素质，锻炼幼儿的心肺功能。

（2）根据3岁左右幼儿步幅小而不均匀、方向感差等特点，可安排绕圈跑、定点跑（在终点有人员引导），在游戏过程中不断提醒幼儿方向。幼儿在绕圈跑时靠近圆心的一侧的腿负担较重，容易造成脊柱两侧肌肉和下肢发育不均衡，故在绕圈跑游戏过程中要经常变换跑的方向。

（3）根据5～6岁幼儿具有较强的竞赛意识的特点，可以安排接力跑、往返跑等。

三、跳跃的内容

（一）各个年龄段跳跃的特点

（1）3岁以前的幼儿很少能正确地跳，他们动作的协调性还没有得到充分的发展，缺乏平衡能力，缺乏支撑运动器官的成熟水平。

（2）3～4岁的幼儿一般能掌握双脚向上、向前跳等简单的动作。

（3）5岁以后，幼儿跳跃能力发展较快，起跳逐渐有力，动作日益协调，平衡能力得到提高。6岁以后，幼儿已能初步地掌握立定跳远、单脚跳、跳高、跳远等基础性的跳跃动作。这个年龄段的幼儿在正确的指导下还能掌握跳皮筋、跳绳等复杂的跳跃技能，起跳比较有力，落地能较主动地起跳缓冲，动作表现出较好的协调性和节奏性。

（二）跳跃练习

根据幼儿跳跃的特点，可利用游戏进行以下跳跃练习：

（1）跳跃的游戏，要有一定的高度和难度，可以让幼儿锻炼体能，并让幼儿在克服困难的过程中提升对自我的肯定，增加信心。对于幼儿来说，跳跃是其最喜爱的运动方式之一。

（2）根据3岁左右幼儿跳跃的特点，可以采用不同的形式和方法来激发幼儿对跳跃运动的兴趣，如让幼儿通过跳跃击掌、摸高等动作来提升幼儿的跳跃高度，发展幼儿的爆发力、平衡性和下肢耐力。

（3）根据5岁以后幼儿跳跃的特点，可以设置跳绳比赛（单、双摇）、跳橡皮筋等需要弹跳力的游戏，发展幼儿的跳跃动作与能力，培养交往与竞赛兴趣，培养友好合作和乐于助人的精神。

四、钻爬的内容

钻和爬是幼儿的天性，可以通过有针对性地设置一些活动，让幼儿在活动中得到眼、腿、灵活性、协调性等多方面的锻炼。

（一）各个年龄段钻爬的特点

（1）3岁左右的幼儿以正面的钻爬动作为主，他们能够掌握下蹲、低头、弯腰、屈膝等动作，但过洞时会过早地弯腰低头，过洞后会过早地直立，以至于身体过早地接触障碍物。

（2）5～6岁的幼儿钻的速度加快，灵活性增强，能熟练掌握侧面钻的动作，并极其爱钻被遮盖的“洞”。

（二）钻爬练习

根据各个年龄段钻爬的特点，可利用游戏进行以下钻爬练习：

（1）根据3岁左右幼儿钻爬的特点，可设置不同方式的钻爬动作，比如模仿类游戏（模仿壁虎、乌龟等动物爬行的方式）。

（2）根据5～6岁幼儿钻爬的特点，可以设置连续钻爬过洞的游戏，提高钻洞的能力，发展力量、速度、灵敏、协调等运动素质。

五、投掷的内容

（一）各个年龄段投掷的特点

（1）3岁以前的幼儿一般就已学会了简单的接物和抛投物体的动作，但方向和出手角度不稳定、不准确，投掷距离小。

（2）3 岁左右的幼儿不能完全掌握投掷动作，投掷动作不够协调，多余动作多，力量小，不精确。肩投动作已能掌握蹬地、转体、挥臂动作，能够做到全身用力，但出手角度仍偏小，投掷方向不稳定。

（3）6 岁左右的幼儿投掷能力发展较快，已能初步掌握传接球、走动拍球、侧面站立肩上投掷等技能，有的幼儿还能跳起来投球。经常练习投掷的幼儿动作比较协调有力，但准备性和动作连贯性还有所欠缺。

（二）投掷练习

根据各个年龄段幼儿投掷的特点，可利用游戏进行以下投掷练习：

（1）投掷游戏在幼儿的身心发育过程中有着重要的作用，不仅能够锻炼小肌肉，还能训练手眼的协调，培养敏捷的反应能力。投掷的练习顺序为：上手投掷到下手、背后投掷，单一投掷到多方位投掷，投慢到投快，投大到投小，投固定物体到投移动物体，投远到投准。

（2）根据 3 岁左右幼儿投掷的特点，可设置“肩上投沙包”比赛等，锻炼幼儿快速挥臂和身体协调用力的能力。但投掷活动主要是上肢力量性练习，由于幼儿所用投掷物较轻，运动强度较低，因此要把投掷活动和跑、跳等强度大的运动组合在一起，以保证活动时的运动负荷量。

（3）根据 6 岁左右幼儿投掷的特点，可设置投标靶、投飞碟等游戏，但应做到均衡发展，尽量做到左右手都练、都投。考虑到幼儿的年龄特点，练习要贯彻循序渐进的原则，逐步提高难度。标靶应由近到远、由小到大、由静到动等。

六、平衡的内容

（一）各个年龄段平衡的特点

（1）3 岁幼儿在进行无其他干扰（障碍、分散注意物）的走、跑运动时，基本能保持身体的平衡。但是在进行快跑、转弯、急停、跳跃等身体运动速度发生急剧变化的运动时或者地面不平、有障碍物时，常常会摔倒。

（2）随着神经系统和运动能力的发展，幼儿期平衡能力发展迅速。5～6 岁幼儿已经能掌握像滑旱冰、骑两轮自行车、踩高跷等对平衡能力要求较高的运动技能。

（3）5～6 岁是幼儿锻炼平衡能力的显著收效期。

（二）平衡练习

根据各个年龄段幼儿平衡的特点，可利用游戏进行以下平衡练习：

（1）根据 3 岁幼儿的平衡特点，可设置平衡木行走游戏、单腿站立游戏等。为培养幼儿对平衡练习的兴趣，可设置一些有趣的平衡游戏，如旋转类、滚动类游戏。

（2）教师在指导中应该利用跑、跳等活动来锻炼幼儿的动力性平衡能力。根据5～6岁幼儿平衡的特点，可设置旋转类、竞赛类相结合的游戏，如“走直线”（旋转十圈后，要求沿一条直线行走至目标地点）。

第三节 基本动作类游戏活动案例

一、小班游戏活动案例

案例4-1 传球比快

1. 游戏方法

如图4-1和图4-2所示，原位坐好，每排为一组，每组一球，按音乐节奏依次传递，先传完者为胜。

图4-1 “传球比快”游戏（一）

图4-2 “传球比快”游戏（二）

2. 游戏规则

(1) 按音乐节奏完成传递，否则为失败。

(2) 不能隔人传递，违者失败。

3. 游戏场地

座椅排列整齐且距离适中的教室。

传球比快

4. 游戏器材

软式排球或沙包若干，录音机一台。

案例 4-2　小青蛙跳荷叶

1. 游戏方法

如图 4-3 和图 4-4 所示，分组进行游戏，事先规定好“池塘”“荷叶”，幼儿模仿小青蛙跳的动作按音乐踏“荷叶”，先跳出“池塘”者为胜。

图 4-3　“小青蛙跳荷叶”游戏（一）

图 4-4　“小青蛙跳荷叶”游戏（二）

2. 游戏规则

(1) 必须按音乐节奏模仿“小青蛙”的双脚跳“荷叶”。

(2) 必须落到每一片“荷叶”上，如落到“池塘”中，要从起点重新开始。

小青蛙跳荷叶

3. 游戏场地

开阔的平地。

4. 游戏器材

防滑软垫或呼啦圈若干，录音机一台。

案例 4-3 防空洞

1. 游戏方法

(1) 如图 4-5 所示，以呼啦圈作为“防空洞”，“防空洞”数量比实际人数少一个。

(2) 如图 4-6 所示，音乐响起后大家排成一路纵队，绕圈慢跑，音乐止，大家迅速解散，各占一个“防空洞”，占到“防空洞”的幼儿获胜。

防空洞

图 4-5 “防空洞”游戏（一）

图 4-6 “防空洞”游戏（二）

2. 游戏规则

游戏中，不许推、碰已经占据“防空洞”的幼儿。

3. 游戏场地

开阔的平地。

4. 游戏器材

呼啦圈、防滑垫、标志碟等可以当作“防空洞”的物品若干。

二、中班游戏活动案例

案例 4-4 编花篮

1. 游戏方法

(1) 如图 4-7 所示，四人一组，右小腿依次相钩，编成一个花篮。

(2) 如图 4-8 所示，幼儿边拍手边跳边唱儿歌，“编、编、编花篮，花篮里面有小孩，小孩的名字叫花篮，蹲下，起来”。

图 4-7 “编花篮”游戏（一）

图 4-8 “编花篮”游戏（二）

（3）动作一致且保持时间久的小组获胜。

2. 游戏规则

（1）小组成员动作协调一致，除脚搭在一起外其他身体部位不得有接触。

（2）游戏过程中要保证“花篮”的完整，若“花篮”散开，则游戏停止。

3. 游戏场地

开阔的平地。

案例 4-5　抢种抢收

抢种抢收

1. 游戏方法

（1）分成人数相等的几组进行游戏。

（2）如图 4-9 和图 4-10 所示，每组分同样多的“种子”，“播种队”边跑边把“种子”种在规定的“土地”上，“收获队”边跑边把“果实”收回，率先全部完成的队伍为胜。

图 4-9 “抢种抢收”游戏（一）

图 4-10 “抢种抢收”游戏（二）

2. 游戏规则

必须种在规定场地，不得漏种、漏收。

3. 游戏场地

开阔的平地。

4. 游戏器材

篮子、小框、沙包、网球等器材若干。

案例 4-6 沙包投准

1. 游戏方法

如图 4-11 和图 4-12 所示，站在底线后，将沙包投向规定的目标，投中多的为胜。

图 4-11 “沙包投准”游戏（一）

图 4-12 “沙包投准”游戏（二）

2. 游戏规则

(1) 必须在规定的底线后投掷。

(2) 必须将沙包投向规定的目标。

沙包投准

3. 游戏场地

开阔的场地。

4. 游戏器材

标靶、沙包若干。

三、大班游戏活动案例

案例 4－7　　袋鼠跳

1. 游戏方法

（1）迎面接力，分组进行游戏。

（2）如图 4－13 和图 4－14 所示，每组一个布袋，音乐响起，排头双腿套入袋中，双手提起袋口，从起点跳跃出发，至对面换人用同样的方法返回起点。

（3）每组全体幼儿都完成任务且先完成的组获胜。

图 4－13　“袋鼠跳”游戏（一）

图 4－14　“袋鼠跳”游戏（二）

袋鼠跳

2. 游戏规则

（1）必须将双腿套入布袋跳跃行进。

（2）按音乐节奏跳跃。

3. 游戏场地

开阔的平地。

4. 游戏器材

布袋、标志杆等若干，音响一台。

案例 4－8　　飞碟赛

飞碟赛

1. 游戏方法

（1）如图 4－15 和图 4－16 所示，四人一组，背对背互相钩肘结成一个圆环代表“飞碟”。

（2）发令后，不得松手散开，其中一人正向跑，两人侧向跑，一人后退跑，先到终点的队为胜。

2. 游戏规则

（1）音乐响起后，各“飞碟”开始向终点跑动。

（2）跑动中正向跑的幼儿控制速度，大家相互照顾。

3. 游戏场地

开阔的平地。

图 4-15 “飞碟赛”游戏（一）

图 4-16 “飞碟赛”游戏（二）

案例 4-9 传、抢沙包

1. 游戏方法

（1）如图 4-17 和图 4-18 所示，将幼儿每 6～8 人分为一组，围成间隔 2～3 米的圆圈，相互传递沙包，并挑选一名幼儿抢、截沙包。

（2）沙包被截获，则被截获前最后一名传递沙包的幼儿位置与之互换，以此类推进行游戏。

图 4-17 “传、抢沙包”游戏（一）

图 4-18 “传、抢沙包”游戏（二）

2. 游戏规则

（1）抢沙包幼儿的手或身体任一部位碰到沙包就算抢到沙包。

传、抢沙包

(2) 传递沙包的幼儿可以利用身体进行合理的阻挡，但不得推、抱、拉、拽其他幼儿。

3. 游戏场地

开阔的平地。

4. 游戏器材

沙包若干。

案例 4－10　单脚过桥

1. 游戏方法

(1) 先将幼儿等分为两组。

(2) 在地上画一拱形的桥，等分为九格，各组排成纵队站于桥端。

(3) 如图 4－19 和图 4－20 所示，音乐响起，排头按音乐节奏逐格单脚跳前进，两组幼儿相遇后猜拳，输者落河，退出，胜者继续单脚跳前进。与此同时，输队的下一名幼儿马上出发，相遇后方法同前，最先全部到达对岸的一组获胜。

图 4－19　“单脚过桥”游戏（一）

图 4－20　“单脚过桥”游戏（二）

2. 游戏规则

(1) 在桥上必须是单脚跳前进，否则退回重跳。

(2) 猜拳时要同时出拳，否则成绩无效。

3. 游戏场地

开阔的平地。

4. 游戏器材

粉笔、绳梯等。

本章小结

基本动作是指人体最基本的活动技能，是人们在日常生活和社会实践活动中所必需的、最基本的身体运动技能。幼儿基本动作主要包括走、跑、跳跃、钻爬、投掷和平衡等。幼儿基本动作发展的基本规律为从简单动作阶段到复杂动作阶段、从低水平动作阶段到高水平动作阶段。

思考与练习

1. 简述幼儿基本动作的主要内容。
2. 简述幼儿基本动作发展的基本规律。
3. 试述两个与幼儿基本动作发展相关的游戏活动。

第五章　运动器械类体育艺术游戏

本章导读

本章介绍了运动器械类游戏的意义与目标、内容与特点，对组织幼儿运动器械类游戏活动提出了几点实用的建议；同时设置相关游戏案例以供参考和运用。

学习目标

- 了解运动器械类游戏的意义与目标。
- 熟悉运动器械类游戏的内容与特点。
- 掌握组织运动器械类游戏的注意事项。

案例导入

小象采香蕉

1. 游戏目标

(1) 通过游戏活动发展幼儿钻、爬、跳、跑的能力及动作的灵活性、协调性。

(2) 通过游戏活动培养幼儿练习钻、爬、跳、跑的兴趣，调动幼儿参加体育活动的积极性。

(3) 通过游戏活动培养幼儿的集体意识和规则意识。

2. 游戏方法

(1) 起点线前分别摆放四个拱形门，门前摆放四块垫子，距离垫子 3～4 米处设置一条一定高度的绳子，绳子上挂着与幼儿人数相等的香蕉模型。场地布置如图 5－1 所示。

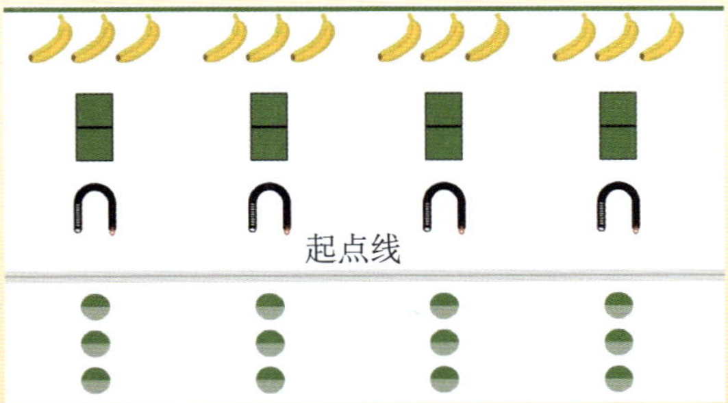

图 5－1 “小象采香蕉”游戏场地布置示意图

(2) 幼儿扮成小象，分成人数相等的四队，分别站在起点线后。

（3）教师讲解游戏的玩法和规则要求。

（4）当听到"请小象去采香蕉"的指令后，各队第一名"小象"钻过"山洞"（拱形门），爬过"草地"（垫子），跑到"香蕉"下，跳起来各采一个"香蕉"，跑回起点处，与第二名"小象"拍手后，站到队尾。第二名"小象"被拍手后再出发，游戏依次进行，直到最后一名"小象"跑回本队，以完成速度最快的一队为胜。

3. 规则要求

（1）听到"请小象去采香蕉"的指令后，第一名幼儿才能出发。

（2）第二名及后面的幼儿被拍手后，才能出发，不能提前出发。

（3）每个幼儿必须采到"香蕉"后，才能跑回本队。

（4）每个幼儿每次只能采一个香蕉。

4. 教与学提示

（1）该游戏适合小班后期进行；为达到培养幼儿探究意识和提升活动能力的目标，可以考虑在比赛开始前，让幼儿分组尝试运动路线和动作方法的练习。

（2）教师讲解示范后，让幼儿进行练习，幼儿熟悉游戏的方法后，再进行比赛。

（3）当幼儿熟悉游戏后，为提高练习密度，可采用鱼贯式方法进行比赛。

（4）当幼儿体能适应活动强度时，可适当增加器材数量和改变器材高度、距离等提高幼儿参与积极性。

点评：该游戏旨在改进和提高幼儿钻、爬、跳、跑的活动效果和动作质量。整体评价主要以幼儿整体参与活动的规则意识、积极性和合作能力为准，局部评价重点对幼儿机能状况和四种基本动作的发展情况进行科学评定，如遇安全问题则予以单独评价。多运用表扬和鼓励的方式去激励幼儿，使幼儿有较高的游戏体验感和成就感。游戏中的点评努力做到及时准确，同时运用多种教学方法集中幼儿的注意力。

第一节 运动器械类游戏的意义与目标

一、幼儿体育运动器械的分类

（一）固定性运动器械

固定性运动器械，主要是指一些不能移动的大、中型运动器械，主要包括各种攀登架、滑梯、转椅、秋千、浪船、宇宙飞船、攀网、肋木、摇马、跷跷板、蹦蹦床、充气城堡、“海洋球”池、联合器械等，如图5-2至图5-5所示。

图5-2 滑梯（一）

图5-3 滑梯（二）

图5-4 攀网

图5-5 秋千

（二）中、小型可移动性运动器械

可移动性运动器械主要是指一些能够搬动或可以移动的中、小型运动器械，主要包括平衡木（板或长凳子）、拱形门、投掷架、木制台阶、小梯子、垫子、小三轮车、脚踏车、摇摇车、小手推车、滑板车、轮胎、大皮球等，如图 5－6 至图 5－9 所示。

图 5－6　垫子

图 5－7　拱形门

图 5－8　可拆卸式曲状平衡木

图 5－9　手推车

（三）手持小型体育活动器械以及自制体育活动器械

此类器械主要包括各种大小球类（皮球、塑料球、气球、乒乓球、儿童羽毛球、板羽球、木球等）、棍棒、橡皮筋、跳绳、塑料圈（藤圈）、小哑铃、小凳子、小椅子、小沙包、小高跷、小竹马、铁环、各种小飞镖等，如图 5－10 至图 5－14 所示。

图 5－10　塑料圈

图 5－11　各种小型器械

图 5－12　篮球

图 5－13　小椅子

图 5－14　小哑铃

二、运动器械类游戏的意义

运用各种体育运动器械进行游戏活动，对幼儿的发展具有很重要的意义和作用。因为各种徒手动作练习比较单调、枯燥，不容易引起幼儿兴趣，难度也较小，相对说来，锻炼效果也较低。幼儿不仅比较喜欢利用各种运动器械进行游戏活动，而且充分利用各种体育器械进行多种形式的游戏活动，也更有利于健身、健脑、健心，促进幼儿身心全面发展。其意义主要体现在以下几个方面：

（1）运用各种运动器械进行游戏活动，能逐步培养幼儿独立性、自主性，使幼儿在依靠自己的力量完成各种动作练习的过程中体验成功的乐趣，并建立自信心，逐步激发幼儿的运动兴趣，使他们更喜欢参加体育活动。

（2）运用各种摇摆、颠簸类运动器械进行游戏活动，有助于发展幼儿整个身体的动态平衡能力，使幼儿在运动器械的不断变化中，及时调整自己的身体位置，以保持身体平衡，并且能够在实践中丰富幼儿的感知经验，使幼儿体验该类运动所带来的肌肉紧张与放松时的感觉，增强幼儿前庭器官的机能。

（3）运用各种大、中型运动器械进行攀爬、翻越、登高等游戏活动，不仅能够增强幼儿身体各部分的肌肉力量，而且能够发展幼儿对身体的控制能力、平衡能力，提高动作的协调性、灵活性、稳定性，更有效地促进幼儿身体与运动机能的发展。

（4）运用各种可移动性运动器械进行游戏活动，能为幼儿提供感知觉体验，并使之获得视觉运动经验，从而更有效地促进幼儿空间知觉和判断能力的发展。例如，在登高远望时，幼儿可以感受自己身体所在的空间位置、方向，判断空间大小及自己所要移动的位置、方向等，并能在高处眺望远方、环视四周或俯瞰下方，体验身体在不同位置时所观察到的各种环境的变化；在可以移动的器械上活动时，幼儿能逐步理解人与静止物体之间及人与运动物体之间的空间关系等，并逐步体验身体在移动器械上进行活动时，怎样控制器械移动的方向才能移动得更快，而且还不会与别人或其他物体碰撞等。

（5）运用丰富多彩的小型运动器械进行游戏活动（跳绳、踢毽子、跳皮筋、扔沙包、拍球、踢球等），不仅能更好地调动幼儿参加体育活动的积极性，使幼儿身体得到全面锻炼和发展，而且能使幼儿的动作更灵敏、更协调、更准确，还能培养幼儿团结友爱、互相帮助、集体合作的良好品德。

三、运动器械类游戏活动的目标

通过运用各种类型的运动器械进行游戏活动，调动幼儿参加体育活动的积极性、主动性，逐步提高幼儿动作的灵敏性、协调性、稳定性，发展其肌肉力量和平衡能力，促进幼儿身体及各种身体机能的发展和提高；发展幼儿空间感觉、知觉及定位、定向的能力和判断能力；培养幼儿勇敢、顽强、不怕困难的意志品质和团结互助、遵守纪律的优良品德；培养幼儿活泼开朗、乐群、开朗的良好性格；促进幼儿自我意识、独立生活能力和各种活动能力的发展和提高。

第二节　运动器械类游戏的内容与特点

一、大、中型运动器械类游戏

大、中型运动器械类游戏活动，主要包括在攀登架、攀网、肋木及联合器械上进行各种攀登、钻、爬、翻越、悬垂、支撑等游戏活动，滑滑梯、荡秋千、乘浪船、乘宇宙飞船、压跷跷板、跳蹦蹦床等游戏活动，走平衡木（板）、走浪桥、爬梯子、推小车、骑小车、滑滑板车、滚轮胎以及在小垫子上做各种滚动、滚翻、跳跃等游戏活动。

幼儿园应当根据各年龄班幼儿身心发展特点及动作技能形成的规律，遵循由简到繁、由易到难、由低到高、由近到远的原则，科学而合理地安排各种不同类型的器械游戏活动。在安排游戏时尽量与基本动作的游戏结合起来，以便收到更好的练习效果。

二、小型运动器械类游戏

小型运动器械种类很多，有的可以用来做操（如棍棒、皮筋、短绳、哑铃、藤圈等）；有的可以用来做标志（如小红旗、小椅子、小竹竿、小水桶等）；有的则可以用来发展幼儿各项基本动作，提高幼儿的基本活动能力（如毽子、藤圈、板羽球、小飞镖等）。

幼儿园应当根据幼儿年龄特点及动作发展规律，按不同年龄阶段科学地安排各种小型运动器械游戏。既要通过各种小型器械的多种练习方法的变化来提高幼儿的兴趣，又要在保证安全的同时做到全面锻炼，更好地促进幼儿基本动作的发展和基本活动能力的提高。

下面以小球类游戏为例做相关介绍：

（1）小型运动器械中的各种球类游戏，是幼儿十分喜爱的体育活动内容之一。通过各项球类活动，不仅能够发展幼儿走、跑、跳、投等动作技能，而且能够发展幼儿动作的灵敏性、协调性、准确性，还能培养幼儿的观察力、注意力、判断能力以及相互配合、合作游戏的能力，让幼儿充分体验游戏带来的乐趣。

（2）幼儿园经常开展的是小篮球和小足球的游戏活动。小班幼儿应当以双手滚球、双手抛球和原地拍球为主；中班幼儿应当以双手滚接球、抛接球、原地变化拍球和直线运球为主；大班幼儿应该以单手滚接球、各种抛接球、投准、曲线运球等为主。经常开展的球类游戏主要有：小猫滚球、抛球进框、拍球比多、踢球跑、滚球过门、反弹抛接球、滚球打木桩、运球接力赛、小足球赛、小篮球赛等。

（3）组织幼儿球类游戏既要根据幼儿年龄特点，循序渐进，逐步提高难度和要求，又要以游戏、竞赛的形式培养幼儿的练习兴趣，在激发兴趣后还要注重引导幼儿思考、创新多种玩球的方法，不断调动幼儿练习的积极性和创造性。同时要做好家长的工作，请家长和幼儿一起玩球，帮助幼儿尽快掌握技术动作，熟悉球性。

第三节 运动器械类游戏的建议

根据幼儿身心发展特点和规律，充分运用各种运动器械开展游戏活动，不仅能丰富活动内容，提高活动要求，有利于促进幼儿动作的发展和活动能力的提高，促进幼儿身体健康，还能调动幼儿参加体育活动的积极性，提高练习兴趣，培养幼儿勇敢、顽强的意志品质，团结、合作、互助等群体意识以及自信、进取等精神。教师在组织幼儿运动器械类游戏活动时，应注意以下几点。

一、做好组织工作，确保活动安全

各种器械活动都具有一定的危险性，尤其是一些大型及中小型能移动的运动器械，更容易出现事故。因此，每次活动时，不仅一定要检查器械的牢固程度，还要组织幼儿按顺序轮流上下器械，不得拥挤或推搡，并要求幼儿自觉遵守游戏规则。在幼儿进行各种登高、攀越等活动时，加强保护与帮助，给幼儿以充分的安全感。不同器械可以按照功能进行区域划分，避免在使用过程中造成冲突；在划分功能区域的同时，也可以考虑活动项目的分时轮动，既能避免安全隐患也能统筹安排时间。

二、运用恰当的教学方法

在利用各种运动器械的游戏活动中，不仅要激发幼儿的练习兴趣，还必须教会幼儿正确的动作技能和使用各种器械的方法，让幼儿在循序渐进的活动过程中，通过各种基本动作的循环重复得到有效巩固，并要求幼儿在任何情况下都不能利用器械打斗，防止发生事故。

三、启发幼儿通过观察和思考获取知识和技能

在利用各种运动器械的游戏活动中，不仅要培养幼儿勇敢、顽强的意志品质和自信心，而且要适时改变游戏条件引导幼儿积极观察、思考各种变化，例如活动环境及空间位置、距离、数量的变化，并通过活动不断使意识得以强化。在这个过程中，通过激发幼儿的主动性，不断总结经验，以增长幼儿知识和能力。

四、充分利用各种运动器械类游戏活动发展幼儿个性

由于每个幼儿的兴趣、爱好、能力及动作发展水平等都不尽相同，他们对各种运动器械的爱好程度也不一样，因此，在组织幼儿进行各种器械类游戏活动时，除了每个幼儿必须要掌握的动作，还应当让幼儿自由选择自己喜欢的运动器械进行游戏活动，这样更有利于调动幼儿参加体育活动的积极性，并有利于发展幼儿的个性。

第四节 运动器械类游戏活动案例

案例 5－1 小鸭子捉鱼

1. 游戏目标

(1) 幼儿积极主动地参与游戏，愿意遵守游戏规则。

(2) 提高幼儿走平衡木及侧面钻的动作能力。

(3) 幼儿身体的平衡能力、协调性和灵活性得到提高。

2. 游戏准备

(1) 小鸭子的头饰若干个（数量与幼儿的人数相等），高 20～30 厘米、宽 15～20 厘米的平衡木 2 条，自制小鱼若干条（数量与幼儿的人数相等），拱形门 6 个。

(2) 场地布置如图 5－15 所示。

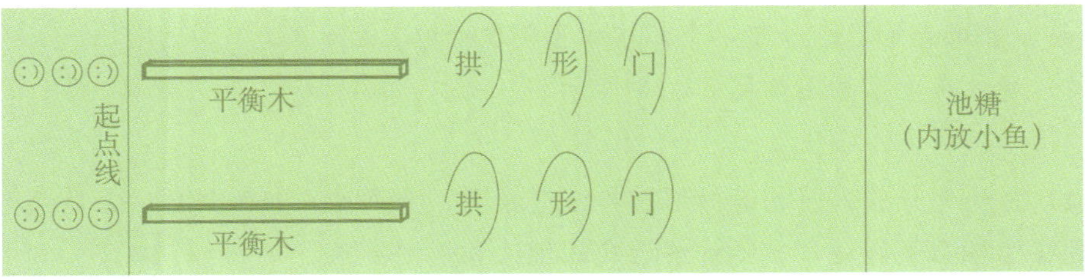

图 5－15 “小鸭子捉鱼”场地布置示意图

3. 游戏方法

（1）情境创设："小鸭子"要到"池塘"里去捉"小鱼"。"小鸭子"走过窄窄的"独木桥"，跳进"池塘"，"池塘"里有很多"荷叶"，"小鸭子"钻过"荷叶"，在"池塘"里捉"小鱼"吃。

（2）幼儿分成人数相等的两队，头戴小鸭的头饰扮演小鸭子。

（3）游戏开始，"小鸭子"依次通过"独木桥"，钻过"荷叶"，跑到"池塘"里抓一条"小鱼"，再从外侧"游"回起点线。

4. 游戏规则

（1）幼儿通过平衡木时脚不能落地。如果幼儿从平衡木上掉下来，要回到平衡木的起点线重新走。

（2）幼儿钻过拱形门时，不能将拱形门拱起来挪动位置。

（3）每名幼儿一次只能抓一条"小鱼"。

5. 教与学提示

（1）本游戏适合4～5岁的幼儿。

（2）对于不敢走固定平衡木的幼儿和平衡能力较弱的幼儿，教师要在平衡木的旁边给予适当的保护和帮助以及鼓励。

案例5－2　蓝精灵救妹妹

1. 游戏目标

（1）发展幼儿跑、钻、平衡等动作技能和能力，进一步发展幼儿动作的灵活性、平衡能力及腿部力量。

（2）培养幼儿的练习兴趣，调动幼儿参加体育活动的积极性。

（3）培养幼儿的责任意识、集体意识、规则意识和团结互助的精神。

2. 游戏准备

（1）小沙包若干个，拱形门两个，平衡木两条，自制教具小树四颗，手机一部，《蓝精灵》主题音乐，小音箱一个，格格巫图像两幅。

（2）场地布置示意图如图5－16所示。

3. 游戏方法

（1）将幼儿分成人数相等的两队扮演蓝精灵，分别站在起跑线后，每队最后一名幼儿藏在格格巫画像后，教师讲解游戏的玩法和规则要求。

（2）游戏开始，播放《蓝精灵》主题曲的同时，教师以故事导入，告诉大家："我们的蓝妹妹被格格巫带走了，大家赶快去救她！小朋友们愿不愿意？"得到幼儿肯

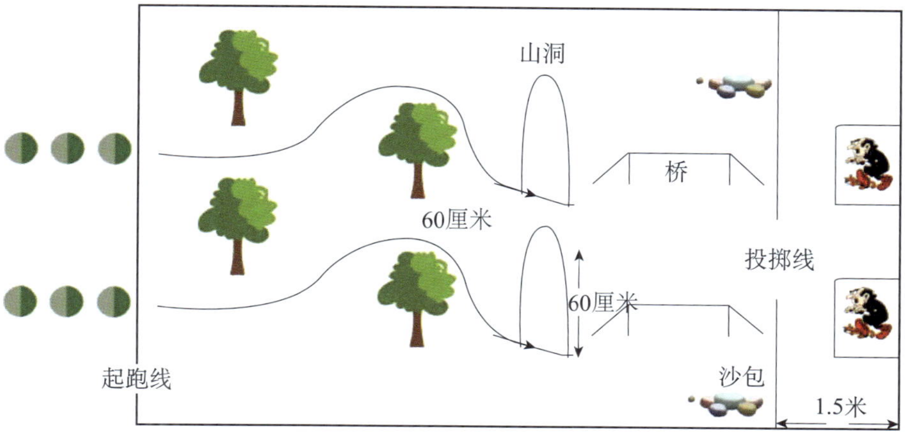

图 5-16 “蓝精灵救妹妹”游戏场地布置示意图

定的回答后，组织每队第一名幼儿出发，绕过“小树林”，钻过“山洞”，走过“小桥”，拿起沙包投向格格巫画像，然后迅速从出发路线外侧（或原路）跑回本队与第二名幼儿拍手，自己站到队尾。后面的幼儿被拍手后，依次行进，直到最后一名幼儿将沙包投向格格巫画像后，带回“蓝妹妹”，以最快完成的一队为胜。

4. 游戏规则

（1）游戏开始时要在听到“救她”的信号后，第一名幼儿才能出发。

（2）在去救“蓝妹妹”的路上，绕过“小树林”时，不得碰倒“小树”，如碰倒，要扶好再跑。钻“山洞”时不能碰倒拱形门；过“小桥”时如果掉下来要再上去，直到走完；每个幼儿每次只能投一个沙包，第二名幼儿被拍手后，才能出发。

5. 教与学提示

（1）教师讲解时，一定要配合示范进行，以便幼儿更好地了解动作过程和方法。

（2）每个幼儿都掌握了动作路线和要求后，为提高练习密度，可以采用鱼贯式的方式进行练习。

（3）在熟练掌握游戏方法和规则后，可以考虑以原路返回调整到从两侧返回，再调整间距、数量、路线，并增加跳跃动作，逐渐加大游戏难度。

（4）每次游戏，要换人扮演“蓝妹妹”。

6. 分享与讨论

对活动中幼儿的跑、钻、平衡的动作质量和活动效果予以点评，整体评价主要以幼儿参与活动时的规则意识、积极性和合作能力为准，局部评价重点对幼儿体能提升状况和跑、钻、平衡等基本动作的发展情况进行科学评定，如遇安全问题则予以单独评价。

案例 5-3　小猴摘桃

1. 游戏目标

(1) 使幼儿逐步掌握滚动和滚翻动作技术，发展动作的灵敏性，提高平衡能力。

(2) 发展幼儿方位感知能力，培养幼儿自我保护能力。

(3) 培养幼儿勇敢顽强的精神和合作意识。

2. 游戏准备

(1) 拱形门四个，垫子四块，桃子模型若干。

(2) 场地布置如图 5-17 所示。

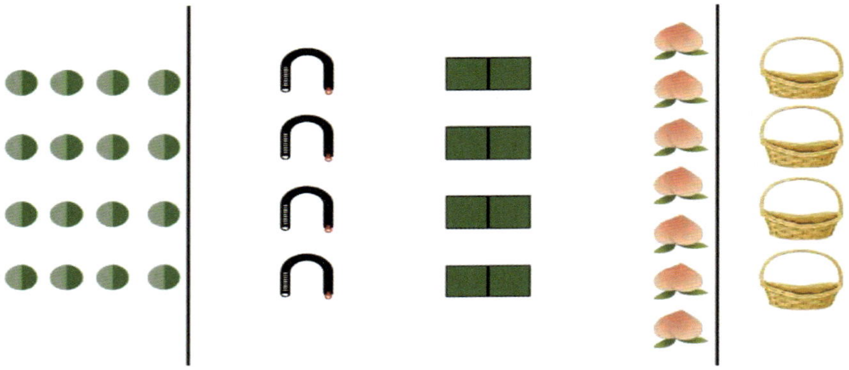

图 5-17　“小猴摘桃”游戏场地布置示意图

3. 游戏方法

(1) 教师讲解、示范双手抱膝前后滚动的动作，然后让幼儿分散练习，教师巡回指导。

(2) 教师讲解、示范滚翻动作（不要求抱腿起立），然后让幼儿分散练习，教师巡回指导，重点辅导个别胆小、体弱，以及动作不灵活的幼儿。

(3) 教师组织幼儿分组探索游戏玩法，集中讲解示范“小猴摘桃”的游戏方法。

(4) 全体幼儿分成四队，分别站在起点线后。听到信号后，每队第一名幼儿钻过“山洞”（拱形门），翻过“草地”（前滚翻），向上跳起，摘一只“桃子”，放进篮子，然后跑回本队与第二名幼儿拍手，站到队尾。后面的幼儿被拍手后，依次行进，以完成任务最快的一队为胜。教师给出信号后，第一名幼儿才能出发。

4. 游戏规则

(1) 钻“山洞”时不能碰倒拱形门。

(2) 每个幼儿每次只能摘一只“桃子”。

(3) 第二名及后面的幼儿被拍手后，才能出发。

5. 教与学提示

（1）游戏开始前，教师必须教会幼儿团身前后滚动动作，并要求其像小球一样滚动圆滑。

（2）游戏开始前，教师还要教会幼儿滚翻动作。

（3）熟悉该游戏后，标的物“桃子”可以设置成不同大小与高度，允许幼儿根据自己的能力选择性获取自己的“桃子”。

（4）游戏前，必须做好准备活动，尤其要做好头颈部和手腕部的准备活动，避免受伤事故发生。

6. 分享与讨论

整体评价仍以规则意识建立、合作意识强化为主，强调积极的正面评价；在动作质量评定中，滚动中颈部保护为前提、滚翻圆滑为标准，“摘桃”的跳跃动作起跳为重点、落地缓冲为难点，并允许自由选择。

本章小结

运动器械类游戏活动有利于开发幼儿的自主和创新思维，增强幼儿对体育活动的自信心。教师要充分利用各种运动器械类游戏活动，发展幼儿个性；创造多种游戏环境、多种路线和不同难度，让幼儿自主选择和尝试。在进行游戏前需做好准备工作，确保活动安全，做到预防第一，同时对于有安全隐患的器械要及时更换。在游戏过程中，有些动作对于幼儿来说有些难度，教师要注意保护和帮助；运用恰当的教学方法，讲解和示范结合，提问和强调并重，让学生在游戏的过程中得到多角度的学习和锻炼。

思考与练习

1. 简要阐述幼儿体育运动器械的分类。
2. 简要阐述运动器械类游戏的意义。
3. 组织幼儿运动器械类游戏有哪些注意事项？
4. 自选三个运动器械，结合自己的运动经验，设计一个幼儿体育艺术游戏。

第六章　利用环境的体育艺术游戏

本章导读

本章通过介绍苏霍姆林斯基的教育环境思想，结合利用环境的幼儿体育艺术游戏的意义和目标，探讨结合自然生活环境进行幼儿体育艺术游戏的创设；同时设置相关游戏案例以供参考和运用。

学习目标

- 了解苏霍姆林斯基的教育环境思想。
- 熟悉利用环境的幼儿体育艺术游戏的意义与目标。
- 掌握怎样结合自然生活等环境进行幼儿体育艺术游戏的创设。

案例导入

某幼儿园为响应《幼儿园教育指导纲要（试行)》中提出的在园内开展多种有趣的体育活动，特别是户外、大自然的活动，在提升幼儿参与体育锻炼的积极性的同时，提高幼儿对环境的适应能力，针对幼儿喜欢跳、爬、钻的特点，以“小马丛林冒险”为活动主题，利用各式各样的器械设置了户外障碍游戏。通过教师生动的情境化讲解，幼儿很快便融入了户外游戏中。

点评：教师针对幼儿喜欢跳、爬、钻等动作的特点，与自然环境相结合设置了幼儿体育艺术活动。活动形式符合儿童生理、心理发展规律。在不同环境下开展幼儿体育艺术游戏，能够促进幼儿身体的正常生长发育，提高幼儿的身体素质以及各种基本能力，更能够激发幼儿的想象力和创造力。

第一节　利用环境的体育艺术游戏的意义与目标

环境，不仅是健康的重要因素，也是教育教学的背景与条件，更是幼儿教育过程中一个非常重要的因素。

体育艺术游戏的环境创设，不仅是幼儿教育教学理念、特色和教师专业素质的展示，更是幼儿参与活动的动力。在不同环境下开展幼儿体育艺术游戏，能够促进幼儿身体的正常生长发育，提高幼儿的身体素质以及各种基本能力，更能够激发幼儿的想象力和创造力，因此，必须创设良好的体育艺术游戏环境。良好的环境创设必须从物质空间和心理环境两方面双管齐下，这既体现了《全民健身条例》“身心健康”的要求，也从更高层面为“环境”定了位，反映出科学、正确的教育思想和理念。

环境是教育者根据教育目标、着眼于幼儿身心发展的需要而精心创设的“适宜”的教育条件。广义的体育艺术游戏环境是指与体育艺术相互联系、相互制约、相互促进的一切自然条件与社会条件的总和。狭义的体育艺术游戏环境是指幼儿进行体育活动的基础。幼儿园可以依据幼儿园自身特点和特色、幼儿身心发展特点，凭借拥有的自然条件与社会条件来进行体育艺术游戏环境的创设，提高幼儿体育艺术活动能力。

第二节 苏霍姆林斯基的教育环境思想

一、集体环境中的个别化教育思想

苏霍姆林斯基认为集体是幼儿生活的真正空间，要重视集体的建设，尤其要重视集体精神生活的充实与提升。而每个幼儿都有独特的个性，具有某一独特的素质基础，幼儿的个性是在劳动、教学及各种形式的集体游戏中形成并发展的。在集体环境中既要重视提升集体精神，也要促进幼儿独特个性的发展。如何在集体活动中发展幼儿个性也是目前幼儿体育需要思考的一个重要问题。

二、自然环境中发展思维的教育思想

苏霍姆林斯基的思想中隐含了生态学的观点，他认为幼儿与自然的交往是充实幼儿的心灵、形成其世界观的重要途径。他特别强调环境的美化，强调自然的刺激是综合训练观察能力、思维能力、语言表达能力、审美能力的极佳手段。幼儿时期的思维以具体形象思维为主，需要提供多样的感知类型的器材和环境与之互动，为其抽象思维发展提供一定的土壤。

三、教育环境中重视发展性教学的教育思想

苏霍姆林斯基强调教学要促进幼儿的一般发展，而不仅仅局限于认识能力的发展，他注重研究幼儿的兴趣、需要等内因。幼儿利用自己创造的周围情境、集体生活的一切东西进行自我教育，是利用自身经验进行有效教育的体现，是教育过程中最微妙的领域之一。他非常重视环境空间上的广延性，利用旅游、远足、劳动、读书等形式来开阔幼儿的眼界，增加他们的经验和见识，使他们能够摆脱学校狭隘环境空间的束缚。

四、教育环境与家庭环境整合的教育思想

苏霍姆林斯基强调教育的和谐性。学校是精神生活的场所，强调个体需要在学校教育中获得强烈的情感体验——自尊心、自信心。在强调学校教育环境的作用的同时，他还重视家庭环境的和谐整合，如开办家长学校等，让家长理解学校的教学思想，从而与学校思想达成一致，促进儿童身心的和谐发展。

第三节　结合自然生活环境的幼儿体育艺术游戏的创设

一、充分利用自然生活的各类环境，构成多样化的幼儿运动游戏体验

充分利用自然生活中的各种媒介环境，通过触觉启发幼儿的多样化能力。体育艺术游戏环境体验的设计过程中要保证设施完备、指导到位、监护全面、保障安全。在这样的条件下利用各种自然媒介（水、地面、冰面、雪等）开展体育艺术相关游戏活动，发展幼儿对于山水、花草虫鱼等的认识和模仿能力。利用生活中的各类环境，建立幼儿对图形、建筑等社会活动环境的认识。在自然环境中，开辟游戏活动区域，让幼儿享受自然赋予的力量和乐趣。在社会生活环境中，模仿各种角色，丰富幼儿多种情感体验下的动觉表达，促进不同运动形式的协调。

二、以整合的视角，提供多维教育环境，促进幼儿思维发展

注重发展幼儿多种环境下不同领域知识的融合，提供刺激幼儿动作、感知、思维等综合能力发展的多维环境。例如，以爱国主题的环境游戏创设培养幼儿对民族文化的感知，提升幼儿的民族自豪感。以和谐共生主题的环境游戏创设培养幼儿的团队精神，提高幼儿的责任心和社会交往能力。

三、改变环境空间，提高幼儿对空间要素的认知、理解和表达能力

幼儿的身心发展规律决定了其具有好奇心强、探索欲望强等特点，因此，体育艺

术游戏的设计要适时改变环境空间，提高幼儿对空间要素的认知、理解和表达能力，通过多层次的空间设计，为幼儿提供多种完成体育艺术活动能力的机会。

四、依据“最近发展区”，结合环境概念等设置具有挑战性的游戏

在进行环境创设时，还需要考虑幼儿身心发展特点，依据“最近发展区”，结合环境概念等设置具有挑战性的游戏，提高幼儿身体精细控制能力，通过开放式和层次性的环境设置给幼儿积极的心理引导。

集体文化的环境创设中也可以加入个性化发展的元素。如对跳竹竿、跳皮筋、踩高跷等民族传统游戏项目加以改革和创新，跳绳中融入不同姿态和落地方式；在中国传统节日时唱应景的儿歌，伴随着古诗文的韵律跳皮筋；竹竿舞里节奏与运动的融合；等等。这些创新性的游戏活动能让幼儿体验民族传统文化的动作美、音乐美和民族服装之美。

体育艺术游戏环境的创设要具有突出个性化发展、重视自然环境中发展思维、强调发展性教学、重视家庭教育环境等特点。在整体环境创设的基础上，做好显性的体育环境创设，吸引幼儿踊跃参与，做好隐性环境支撑，在精神上和制度上激励幼儿坚持参与体育活动，使幼儿的运动天性在自由的氛围中得以有效激发、释放和可持续发展。

第四节　利用环境的体育艺术游戏活动案例

一、小班游戏活动案例

案例 6－1　　夹心汉堡

1. 游戏目标

培养幼儿的平衡力和身体的稳定性。

2. 游戏方法

将幼儿均分成两大组，比赛开始，每组队员开始设计 2～3 层造型，看谁能最快完成造型并保持五秒。

3. 游戏规则

(1) 比赛前一定要安排热身和拉伸练习，防止扭伤。

(2) 在完成造型的过程中保证安全，否则无效。

(3) 对低年级的幼儿注意控制和保护，造型以幼儿能完成的程度为准；参加游戏的幼儿均要保持身体的平衡与稳定性。

4. 游戏场地和器材

室内运动场地，中间放置垫子。

5. 拓展与变化

(1) 分组时，要考虑到幼儿身高素质的均衡，可男女混合分组，完成夹心汉堡的游戏。

(2) 可以脱掉鞋子，也可以穿上鞋子或袜子。

(3) 可以拓展到在不稳的平面进行平衡控制时间比赛。

6. 分享与讨论

(1) 这是提高平衡素质、肢体控制能力，体现协作配合能力的游戏。

(2) 可以再设计完成更多罗汉造型。

(3) 可以做相互干扰的平衡控制能力对比。

(4) 可以以“我们一起来做夹心汉堡”为游戏开始的指令。

案例 6-2　陀螺碰碰

1. 游戏目标

提高幼儿的平衡能力。

2. 游戏方法

如图 6-1 所示，将幼儿均分成两组，各组成纵队一对一站好。比赛开始，各组队员单脚跳动，用手轻推对方组员，两人中最后双脚着地的积一分，积分高的一组获胜。

图 6-1　“陀螺碰碰”游戏

3. 游戏规则

(1) 比赛前一定要安排热身和拉伸练习，防止拉伤。

(2) 只可用手推对方的手，不能触及身体。

4. 游戏场地

室内运动场地。

5. 拓展与变化

(1) 分组时，要考虑幼儿身高、体重、素质的均衡。

(2) 可以用陀螺式转体闪躲动作迷惑对方从而取得胜利。

6. 分享与讨论

(1) 这是提高下肢耐力素质、平衡能力，体力与智力相结合的游戏。

(2) 如果是年龄更小的幼儿，可以两人面对面，各站在两个叠起的枕头上，互推手、脚，先移动的一方便输了，以此锻炼上肢肌力与平衡感。

(3) 建议于床上或软垫上进行，并需注意四周无硬物或散落物品，以免发生意外。

案例 6-3　金鸡独立

1. 游戏目标

发展幼儿的身体平衡性，培养团队合作意识。

2. 游戏方法

如图 6-2 所示，将幼儿分为若干组，按顺序进行比赛。比赛开始，各组队员单腿站立，看看到时间后哪组保持站立的人数最多。

图 6-2　“金鸡独立”游戏

3. 游戏规则

(1) 比赛开始前一定要安排热身和拉伸练习，防止拉伤。

(2) 脚落地就淘汰。

4. 游戏场地

草坪或平地。

5. 拓展与变化

分组时，要考虑到学生身高比例的均衡，可男女混合分组。

6. 分享与讨论

这是发展身体平衡素质、体现集体意志品质和协作配合能力的游戏。

案例 6-4 小小推车

1. 游戏目标

发展幼儿的肌肉力量与耐力，培养合作意识。

2. 游戏方法

(1) 如图 6-3、图 6-4 所示，将幼儿每两人分成一个小组。两人前后站立，后面的乙抬起甲的两腿，甲用两臂撑地站在起点线上。

(2) 裁判鸣笛后，各组同时开始行进，甲用手代步，交替移动用手前进到终点线，回到起点后，两人交换。

(3) 可以做 5～8 米的距离比赛，也可以在标志物后面做交换，推车返回，最快的一组为赢。

图 6-3 “小小推车”游戏（一）

图 6-4 “小小推车”游戏（二）

3. 游戏规则

(1) 比赛前一定要安排热身和拉伸练习，特别是手腕，以免受伤。要重视安全教育和措施，每次练习的距离不要太长，速度也不要要求一致，可多轮换。

（2）做俯撑时身体要紧张有控制。

（3）推车的人要配合“车”的动作前进，不要将“车”往前推或者向后拖拉。后面的人不得突然放下前面的人的双腿，以防前面的人腿部撞击地面而受伤。不许开玩笑，注意安全。

4. 游戏场地

平坦的塑胶场地。

5. 拓展与变化

（1）分组时，要考虑到幼儿身高和体重比例的均衡，也可以三人推车。

（2）分组时，要注意幼儿与搭档的身高体重的差距不能太大，以免无法完成动作。

（3）可以让一些幼儿来扮演红绿灯，遇到红灯时，小车需要停下。也可以用凳子代替障碍物，小车要自行绕开。

（4）可以以接力比赛的形式完成游戏。

6. 分享与讨论

（1）这是发展肌力与肌肉耐力并体现幼儿之间协助配合的游戏。

（2）中间可以加入许多丰富的内容，让幼儿与同伴一起体验合作游戏的快乐。

二、中班游戏活动案例

案例 6-5　　凌波仙子

1. 游戏目标

发展幼儿腰、背部柔韧性，使其敢于挑战自我。

2. 游戏方法

如图 6-5 所示，两名幼儿手握竹竿两端，高度约与胸部同高。其他幼儿以身体后仰的姿势依次从竹竿下面通过，手及臀部不能着地。顺利通过后再降低竹竿高度，以此类推，最后以能通过最低限度的为优胜者。

3. 游戏规则

（1）身体任何部位都不能碰到竹竿，否则为失败。

（2）每人每个高度允许挑战两次。

4. 游戏场地

室内运动场地或草坪。

图 6－5　“凌波仙子”游戏

5. 游戏器材

细竹竿或长绳。

6. 拓展与变化

(1) 竹竿可用松紧带、绳子或跳高横杆代替，也可以将竹竿放在跳高架上。

(2) 可以采用多人手拉手或搭肩合作的方式通过竹竿。

(3) 采用小组赛，累计小组成员的单人成绩为小组成绩。

(4) 可采用坐位体前屈的姿势过竹竿，人坐在滑板上或人不动平移竹竿来通过。

(5) 去除竹竿，两手扶腰，身体后仰并仰头，看谁能看到身后的最低点。

案例 6－6　虫子蠕动

1. 游戏目标

发展幼儿手腕、脚腕、腰背部柔韧性。

2. 游戏方法

如图 6－6 所示，先直臂俯撑在地，然后两手固定不动，两腿伸直以小碎步向双手的位置靠近，直到两脚不能前移为止。然后，两脚不动，两手前移还原成直臂俯撑姿势，接着两脚再向前移动，如此反复，像一条虫子一样向前蠕动。

3. 游戏规则

最后，看谁的脚尖离手掌最近。膝关节伸直，不得弯曲，否则无效。

4. 游戏场地

室内运动场地。

5. 拓展与变化

(1) 可两脚固定，用两手交替向两脚方向行走，看谁的手能做到离脚最近。

图 6－6　“虫子蠕动”游戏

（2）先直臂俯撑，然后两脚和两手同时向中间位置移动，也就是手向脚的方向、脚向手的方向移动，使身体呈“拱桥”状，接着手、脚再一点点向前、后移动，还原成俯撑。

（3）可两腿伸直，两手分别握住两脚踝处进行抱腿行走。

案例 6－7　背拉弓箭

1. 游戏目标

发展幼儿躯干背肌柔软性，拉长大腿前部肌群。

2. 游戏方法

如图 6－7 所示，两脚自然开立，屈膝，上体慢慢后仰，用两手指尖触碰脚后跟。若两手不能触碰到脚后跟，首先用手拍打自己的臀部，然后依次去拍打大腿背面、膝关节后面、小腿背面，最后触拍到脚跟，能坚持 3～10 秒为成功。

3. 游戏规则

不得借助外物或外力来完成。

4. 游戏场地

室内运动场地。

5. 拓展与变化

（1）这个游戏有一定的难度，应循序渐进地练习，开始时，可以增加两脚之间的距离。

（2）对身体柔韧性差的幼儿，可采用左（右）手单侧触碰脚后跟的方法，以减小动作难度。

图 6-7 “背拉弓箭”游戏

（3）可两手扶腰，身体后仰并仰头，看谁能看到墙壁更低的地方。

（4）可进行周期性练习，看谁进步快。

案例 6-8 独木行走

1. 游戏目标

培养幼儿身体控制能力以及平衡能力。

2. 游戏方法

如图 6-8 所示，将中班均分成两组，纵队排列。比赛开始，各组第一名队员通过长凳做成的独木桥，然后返回自己队伍与第二名队员击掌，自己站到队尾。后面的队员击掌后，依次行进，直到最后一名队员通过独木桥返回。全部队员先完成的一组为胜。

图 6-8 “独木行走”游戏

3. 游戏规则

(1) 比赛前一定要安排热身和拉伸练习，防止扭伤。

(2) 按规定路线行进，否则无效。

4. 游戏场地

跑道或草坪。

5. 游戏器材

长凳、箱子、垫子。

6. 拓展与变化

(1) 分组时，要考虑到幼儿身高素质的均衡，可男女混合分组。

(2) 可以建立自己的平衡站，平衡站可以是硬度高、稳定的和硬度低、不稳定的平面，并可以在这些平衡站上尝试不同的技巧。

(3) 可以拓展到平衡动作展示的比赛。

7. 分享与讨论

(1) 这是提高平衡素质、肢体控制能力，体现协作配合能力的游戏。

(2) 可以将行走的道路高度和角度进行改变，增加难度。

(3) 可以在平衡能力练习道上加上障碍物（球、木棒、藤圈等）。

(4) 可以改变运动形式（如旋转一圈向前走，向前走—旋转半圈—向后走、单腿跳、金鸡独立、闭眼站立等）。

(5) 必须与同伴协调一致地做平衡能力练习（如把一球传到长凳上）。

(6) 可以做闭眼的平衡舞蹈练习。

案例 6-9　跨越障碍（翻山越岭）

1. 游戏目标

培养幼儿的身体控制以及平衡能力。

2. 游戏方法

如图 6-9、图 6-10 所示，将幼儿均分成两组，纵队排列。比赛开始，各组第一名队员脱掉自己的鞋子，用单脚跳跨越障碍，绕过目标杆后返回自己队伍与第二名队员击掌，自己站到队尾。后面的队员击掌后，依次行进，直到最后一名队员绕过目标杆后返回队伍。全部队员先完成的一组为胜。

3. 游戏规则

(1) 比赛前一定要安排热身和拉伸练习，防止扭伤。

(2) 按规定路线行进，否则无效。

图6-9 “跨越障碍”游戏（一）

图6-10 “跨越障碍”游戏（二）

4. 游戏场地

室内运动场地。

5. 游戏器材

障碍软杠。

6. 拓展与变化

（1）分组时，要考虑到幼儿身高素质的均衡，可男女混合分组。

（2）可以脱掉鞋子，只穿袜子，也可以不脱鞋子。

（3）可以拓展到在不稳的平面进行平衡控制时间比赛。

7. 分享与讨论

（1）这是提高平衡素质、肢体控制能力，体现协作配合能力的游戏。

（2）可以在单脚支撑下完成更多竞赛内容。

（3）可以做相互干扰的平衡控制能力对比。

（4）可以改变运动形式（如左右绕行、上下钻行、跳跃进行等变换）。

三、大班游戏活动案例

案例6-10 超级链接

1. 游戏目标

提高幼儿腿部柔韧性，培养合作意识。

2. 游戏方法

如图6-11、图6-12所示，将幼儿均分成若干组，各组成纵队站好。比赛开始，各组队员依次纵叉或横叉，相邻两人的前后脚相抵。

图 6-11 横叉相连

图 6-12 竖叉相连

3. 游戏规则

全组队员连成一条线，坚持时间最长的一组为胜。

4. 游戏场地

平地或草坪。

5. 游戏规则

(1) 比赛前一定要安排热身和拉伸练习，防止拉伤。

(2) 前后相邻两人的脚相抵，不得脱节，否则无效。

6. 拓展与变化

(1) 分组时，要考虑到幼儿身高比例的均衡，可男女混合分组。

(2) 可以连接成圆形、三角形、正方形和爱心等形状，看哪个组围得最大。

(3) 可以拓展到班级之间的比赛。

7. 分享与讨论

(1) 这是提高下肢柔韧素质、体现集体意志品质和协作配合能力的游戏。

(2) 可以由站立式单线条图案转换为仰卧举腿（纵分腿、横分腿）多层次变换的图案。

(3) 可以以长度和图案多样性评定胜负。

案例 6-11 猜拳移步

1. 游戏目标

提高幼儿腿部柔韧性，培养竞争意识。

2. 游戏方法

如图 6-13 所示，两人一组面对面站立，每人两脚前后相连成“一”字形（以各自的左脚在前为例），两人的左脚尖相碰。站好后双方开始猜拳。

图 6-13 “猜拳移步”游戏

3. 游戏规则

胜者左脚后移至右脚后；负者右脚不动，左脚向前移动，左脚尖碰到胜者的右脚尖。然后继续猜拳，每次胜者将前脚移到后脚后面，脚尖碰脚跟；负者后脚不动，前脚前移，使自己的脚尖碰到胜者的脚尖。依此类推，负者向前移动的距离越来越远，直到一方脚尖碰不到另一方脚尖为失败，另一方胜出。劈叉时可用手扶地面。

4. 游戏场地

平地或草坪。

5. 拓展与变化

(1) 可多人组队，采用合作方式进行游戏，当第一人脚尖触不到对方脚尖时，第二人加入（可作为代表与另队猜拳，或站在本队猜拳人后面做第二代表）。依此类推，直到一队全体队员参与连接，最后一人脚尖碰不到对方排头脚尖为输。

(2) 双方前脚均固定不动，让输者以后脚跟为轴，脚尖向外张开一步。继续猜拳，若再输，则以后脚尖为轴，脚跟向外张开一步。如此以脚尖、脚跟……轮流向外张开，最先支持不住而倒地的人就算输。

(3) 开始时，两人的前脚可相距约一步。

案例 6-12　莲花盛开

1. 游戏目标

提高幼儿躯干、腰、髋部柔韧性，培养合作意识。

2. 游戏方法

如图 6-14 所示，幼儿 8～20 人围成一个圆圈，两脚开立，相互用手搭肩或拉手，然后大家身体慢慢后仰到极限。

图 6-14　“莲花盛开”游戏

3. 游戏规则

坚持 5～15 秒后还原成直立，即为挑战成功。不能脱节或倒地，否则为失败。

4. 游戏场地

平地或草坪。

5. 拓展与变化

(1) 每人一脚支撑，另一脚向前伸直抬起，然后身体后仰到极限。

(2) 所有人搭肩双膝跪地，挺髋后仰。

(3) 搭肩身体前压做体前屈或弓步压腿。

案例 6-13　层叠脚塔

1. 游戏目标

提高幼儿腿部柔韧性和平衡能力，培养合作意识。

2. 游戏方法

如图 6-15 所示，幼儿 5～8 人一组围成圆圈，根据每个人不同的柔韧性，讨论出放脚的高低顺位（由下到上，分别为 1、2、3……）。开始后，每人伸出一只脚，第 1 人（最下面的人）脚跟着地、脚尖朝上，接着第 2 人脚跟放在第 1 人的脚尖上，第 3 人脚跟放在第 2 人的脚尖上，依此类推。直到所有人伸出的一只脚上下相接形成一座“宝塔”状，并能坚持 5～15 秒为成功，看哪组“宝塔”垒得最高。

3. 游戏规则

(1) 上下脚须相连，不得脱节。

(2) 允许上一人的脚跟放在下一人的脚掌、脚背或脚踝处。

(3) 不得借助外力（物）来完成。

图 6-15 “层叠脚塔”游戏

4. 游戏场地

平地或草坪。

5. 拓展与变化

可要求最下面的人的脚放在一定高度的标志筒或凳子上，提升挑战难度。

案例 6-14 步步高升

1. 游戏目标

提高幼儿腿部柔韧性，激发挑战意识。

2. 游戏方法

如图 6-16 所示，幼儿四人一组，分别站在“垫堆”的四面，采用侧压腿方式，将一只脚放于“垫堆”最上方的垫面，坚持 5～15 秒即为挑战成功。然后往“垫堆”上面放一块垫子，让幼儿再将一只脚放于最上方的垫面，若挑战成功，同样再加高一块垫子，依此类推。有人脚放不到“垫堆”最上面时即为淘汰，并记下其最好成绩（层数），直到最后一人挑战失败为止。

3. 游戏规则

(1) 每一个高度（层数）必须坚持 5～15 秒方为挑战成功，否则为失败，不得进入下一高度的挑战。

(2) 每次增加一块小折垫。

4. 游戏场地

平地或草坪。

5. 游戏器材

体操小折垫。将 5～7 块折垫堆叠在一起，形成长方体的“垫堆”。

图 6-16 “步步高升”游戏

6. 拓展与变化

(1) 可采用正压腿或后举腿的方式进行。

(2) 挑战到极限时，可将折垫打开分两次堆叠，也就是第一次将折垫打开放上(单层)，第二次将垫子合上(双层)即可。

(3) 可进行小组赛，累计小组成员的单人成绩为小组成绩。

(4) 可利用肋木的横档来玩此游戏，看谁能将脚放到最高格。

本章小结

体育艺术游戏的环境创设，不仅是幼儿教育教学理念、特色和教师专业素质的展示，还是幼儿参与活动的动力。结合自然生活环境进行幼儿体育艺术游戏的创设应从以下四个方面着手：一是充分利用自然生活的各类环境，构成多样化的幼儿运动游戏体验；二是以整合的视角，提供多维教育环境，促进幼儿思维发展；三是改变环境空间，提高幼儿对空间要素的认知、理解和表达能力；四是依据“最近发展区”，结合环境概念等设置具有挑战性的游戏。

思考与练习

1. 幼儿体育艺术游戏设计通常结合哪类环境？
2. 如何结合苏霍姆林斯基的教育环境理论设计幼儿体育艺术游戏？
3. 尝试结合自然和生活环境设计 1～2 个幼儿体育艺术游戏。

第七章　民族、民间体育艺术游戏

本章导读

本章介绍了民族、民间体育艺术游戏对幼儿成长的积极意义，明确了民族、民间体育艺术游戏的教育目标，并结合民族、民间体育艺术游戏的内容、特点提出了应用原则和创新两个方面的建议；同时设置相关游戏案例以供参考和运用。

学习目标

- 了解民族、民间体育艺术游戏的传承发展。
- 熟悉民族、民间体育艺术游戏的特点。
- 掌握民族、民间体育艺术游戏应用的原则和内容创新。
- 掌握怎样针对不同年龄段幼儿的特点进行民族、民间体育艺术游戏的选择。

案例导入

“老鹰捉小鸡”游戏是低年龄段幼儿最喜欢的游戏之一。游戏时幼儿会轮流扮演三个角色：老鹰、鸡妈妈、小鸡。“小鸡们”拉着同伴的衣角躲在“鸡妈妈”后面，通过整体的移动躲避“老鹰”的攻击。有“小鸡”被抓住后就要进行角色互换。另外，游戏时会出现各种突发情况，比如队伍分开了、有孩子摔倒或互相碰撞。这时是教师实现教育目标的最好时机。

点评：经典民族、民间体育艺术游戏之所以能够广泛而长久地流传，主要是因为它们都非常生活化且具有全面的育人价值。从运动能力方面来看，“老鹰捉小鸡”游戏可以训练幼儿的灵敏性、反应能力；从心理健康方面来看，“老鹰捉小鸡”游戏可以培养幼儿积极、勇敢的品质；从社会适应方面来看，“老鹰捉小鸡”游戏可以培养幼儿团队合作和抗挫折的能力。

第一节　民族、民间体育艺术游戏的意义与目标

民族、民间体育艺术游戏是由劳动人民自发创编，在民间广泛流传和代代相传，老少皆宜且喜闻乐见的游戏活动，反映着中华民族所共有的行为、思维、感情和交流模式。《幼儿园教育指导纲要（试行）》指出，幼儿园教育应“尊重幼儿身心发展的规律和学习特点，以游戏为基本活动”。可见，游戏是幼儿童年生活中不可或缺的一部分，其中，民族、民间游戏的传承、发展、演变，对幼儿的发展起到了不可估量的作用。

一、民族、民间体育艺术游戏对幼儿成长的意义

（一）有助于幼儿认知的发展

民族、民间体育艺术游戏可以大大丰富幼儿自然、社会方面的知识，扩大其知识面。民族、民间体育艺术游戏中的童谣和儿歌都包含着许多自然、社会方面的内容。如“荷花荷花几月开？二月开！二月不开几月开？三月开！……六月荷花朵朵开！”。这首儿歌以一问一答的形式进行，不但训练了幼儿的反应能力，又使他们了解了月份的排列顺序和荷花开放的时间，让幼儿在说说玩玩中又快又好地接受知识。民族、民间体育艺术游戏为幼儿提供了丰富的语言表达环境，对于提高幼儿口头语言表达能力具有特殊的价值，对于小班幼儿作用尤为突出。首先，对于小班幼儿来说，民族、民间体育艺术游戏不仅可以提高他们的口头语言表达能力，更重要的还在于能够锻炼说话的胆量。在民族、民间体育艺术游戏中，幼儿处于放松的状态，心理上没有压力，可以大胆地说话。其次，民族、民间体育艺术游戏可以发展幼儿的听力、观察力、判断力。

（二）促进幼儿的社会交往

很多民族、民间体育艺术游戏需要几个小朋友或更多小朋友一起才可以进行，这样就增强了幼儿与他人友好相处的意识，游戏的过程可以让幼儿学会遵守规则，同时可以克服其在家里养成的任性、唯我独尊等不良习气，促进幼儿交往能力的发展。如

在集体游戏“跳皮筋”中，因为一人的失误，最终的胜利者要“救”那些失败的跳手，他是这一游戏里最伟大、最无私、最有核心能力的伙伴，这就充分培养了孩子们的团体协作精神与社交能力。由于幼儿加强了与同伴的交往，因此他们能真正体会到自己是集体的一员，幼儿一方面要表达自己的意愿、主张、态度，另一方面要理解他人的意愿、主张、态度，并做出回应。幼儿在游戏中形成了两种类型的交往关系，一种是游戏中的角色关系，另一种是现实中的伙伴关系。无论哪种关系，都为幼儿的社会性发展创造了有利的条件。研究表明：积极的伙伴之间的社会强化更有可能出现在游戏中，而不是出现在成人组织或设计的活动中。民族、民间体育艺术游戏往往需要幼儿三五成群一起游戏，通过相互协调，幼儿能够学会与别人友好相处，学会自己解决人际矛盾，学会控制自己的情绪和行为。

（三）有助于幼儿体能的发展

民族、民间体育艺术游戏的种类繁多，又富有趣味性，形式简单，便于操作，深受广大幼儿喜爱。科学地开展民族、民间体育艺术游戏，能够增强幼儿体能。例如：“跳绳”能锻炼幼儿全身运动能力，有双脚跳、单脚跳、迈门槛、麻花阵、旋风、跑跳、蹲跳等；“贴人”能够锻炼幼儿奔跑以及躲闪的能力；“羊顶角”能训练幼儿单腿跳跃的动作，培养幼儿的耐久性；“扯皮条、拉皮条”能锻炼幼儿的钻跳能力，培养幼儿团结合作的精神等。这些民族、民间体育艺术游戏不仅能增进幼儿骨骼肌肉的发育，而且能锻炼幼儿的运动技巧。幼儿在感受游戏快乐的同时，还增强了体质。有时在游戏过程中，幼儿会创造出许多的玩法，如跳皮筋的花式跳法，不管是怎样的跳法，幼儿的肢体柔韧性和协调性都能得到锻炼，而且会比想象中的效果要好，毕竟是幼儿主动参与的结果。教师设计的一些体育活动，反而不深得幼儿喜爱，所起的作用也达不到预期效果。所以在进行民族、民间游戏的过程中，幼儿的体能会在无形中得到锻炼，肢体的协调性、柔韧性、平衡能力都能够得到很大的提高。

（四）有助于幼儿良好心理品质的发展

实行保育和教育相结合的原则，以幼儿发展为本，促进幼儿身心的和谐发展，是幼儿园的主要任务。其中，加强幼儿的品德教育和进行行为习惯的培养、训练，对促进幼儿身心和谐发展起着十分重要的作用。如果在物质文明不断发展的今天，忽视德育，不能为幼儿养成良好道德品格、行为习惯奠定基础，并且随着幼儿年龄的增长逐步巩固和提高德育的成果，那么，道德缺失所造成的社会问题，绝不会亚于生态环境遭受破坏造成的恶果。《幼儿园教育指导纲要（试行）》中提及的五个教育领域中的健康领域有这样一条目标：身体健康，在集体生活中情绪安定、愉快。人的基本情绪包括愉快、悲伤、愤怒、惊奇、惧怕等。民族、民间体育艺术游戏所具有的浓厚的趣味性和娱乐性，符合孩子好动、好奇的特点。幼儿在游戏中享有充分的自由，不受任何干预，自娱自乐，心情放松，没有心理压力。但许多民族、民间体育艺术游戏也带有竞争性，如“撞拐”游戏，两人以膝盖相撞，撞倒对方者为胜；“跳皮筋”由浅入深，程序和现在的电子游戏闯关差不多，看谁先跳到最高处。在这些带有竞争性的游戏中，幼儿也会面临失败，这会使幼儿产生挫折感，但是游戏的趣味性又吸引着幼儿继续参与游戏。在这个过程中，幼儿承受挫折的能力及活泼开朗的性格得到了培养。每个游戏都是有规则的，游戏的规则是大家都必须遵守的。如“捉鱼”的游戏规则是当念到“大红鱼”的“鱼”字时，“渔网”落下，这时正好游过“渔网”的“鱼”就被网住，但有的幼儿会不遵守规则，故意慢慢游，或还未到时就提前钻过去。老师这时就要强调游戏的规则，使幼儿学会控制自己的行为而遵守规则，从而提高自我控制能力。

二、民族、民间体育艺术游戏的教育目标

（一）培养幼儿终身受益的品质和习惯，让幼儿学会做人

幼儿期是养成良好行为习惯和品质的极为重要的阶段。民族、民间体育艺术游戏来源于民间，来源于生活，人们将日常生活中劳动的情节、尊老爱幼和互帮互助等良好品质融入游戏中，让游戏更贴近幼儿的生活，帮助幼儿在轻松、有趣的游戏过程中丰富和拓展生活经验、获得知识、增长能力。幼儿在游戏过程中，既能感受到民族精神，熟悉劳动的快乐，又能乐在其中，悟在其中，在潜移默化中感受民族文化的独特魅力。

学前教育教师在体育艺术游戏中要以儿童发展为本，从幼儿身心发展需要出发，引导幼儿积极、主动、踊跃地参与游戏，自主选择游戏，自主组织游戏，逐步培养其主体意识；在游戏过程中要充分肯定幼儿的长处，激发幼儿的热情，培养幼儿独立、自制、自信、专注和坚韧的品格，使之健康成长，成为社会的有用之才。

（二）促进幼儿社会性发展，让幼儿学会做事

学会做事的核心是学会与人共处。人是社会中的人，社会是人的社会。人的社会性是指人在形成自我意识、进行社会交往、内化社会规范、进行自我控制及进行其他社会活动时所表现出来的心理特征。一个孩子如果没有良好的社会性，不懂得如何与人相处、如何适应社会，没有社交能力及与人协作的精神，那么他的心理发展就是不全面、不健康的。《幼儿园教育指导纲要（试行）》也指出，“幼儿与成人、同伴之间的共同生活、交往、探索、游戏等，是其社会学习的重要途径。应为幼儿提供人际相互交往和共同活动的机会和条件，并加以指导”。

民族、民间体育艺术游戏多是儿童群体之间集体交往的活动，为儿童提供了相互交往和共同活动的机会和条件；又因其具有趣味性、随机性和易学、易会、易传等特点，成为对儿童进行社会化教育的重要途径。

在民族、民间体育艺术游戏中，幼儿参加游戏如同参加社会活动，通过游戏角色

扮演，一方面模仿成人活动，了解和学会社会生活；另一方面通过游戏中获得的表扬和惩罚，逐步体会到社会规范的存在，并在直观的条件下开始明白是非曲直的道理，形成对社会价值的初步认知，适应社会需要的社会性行为逐步形成。如他们逐渐学会了解认识同伴、尊重游戏的同伴和对手，学会站在他人的立场上看自己；学会遵守自己所在集体的规则，履行集体生活赋予自己的职责，学会克制谦让、公正地对待胜利和失败、正确地解决争吵和冲突；学会遵守纪律，服从指挥，用规则协调关系，用纪律约束自己；学会与人合作、与人共处、与人分享等。

（三）培养幼儿对体育活动的兴趣，让幼儿树立终身体育意识

体育兴趣是幼儿参加体育活动的主要动力。培养幼儿的体育兴趣不仅能使幼儿主动参加体育活动，而且能为其终身参加体育锻炼打下基础。幼儿精力旺盛，情感丰富多变，活泼好动，爱模仿，好奇心和求知欲强，因此他们爱好集体游戏，追求趣味活动。民族、民间幼儿体育艺术游戏正好顺应了幼儿认识外界事物和情感发展的特点，符合幼儿生长规律，可以满足幼儿生理和心理发展需要，所以是幼儿最喜欢的体育活动之一。学前教育教师要把培养幼儿参加体育活动的兴趣和习惯放在重要位置，根据幼儿的特点和发展需要组织生动有趣、形式多样的民族、民间体育艺术游戏活动，发挥民间幼儿体育艺术游戏趣味性的功能，吸引幼儿主动热情参与，提高幼儿对体育活动的兴趣，让幼儿充分体验到体育艺术游戏的快乐，从而增强幼儿体质，培养幼儿体育锻炼的习惯和爱好，为其终身参加体育锻炼奠定坚实的思想基础。

（四）培养、发展幼儿的创造力和想象力，让幼儿学会创新

民族、民间体育艺术游戏往往载歌载舞、说唱结合、动静交替，把视、听、想、练有机地结合在一起，将各种体育知识、技能和生活知识经验综合于一身，这有助于幼儿观察力、判断力和创造力的锻炼和提高。他们的思维因此更加活跃，各种感官更加敏锐发达，认识能力、接受能力和解决问题的能力也得到增强，从而使他们的智力和创造力得到全面开发和提高。民族、民间体育艺术游戏还有利于幼儿探索、发现和创造能力的发展。因为民族、民间幼儿体育艺术游戏的玩具，绝大多数来自生活，来自大自然，是自然的材料及半成品，没有固定的形式，不具体代表某一物体，幼儿在游戏时能根据自己的兴趣和需要，随意地加以创造想象，这为幼儿创造能力的发展提供了肥沃的土壤。再加上民族、民间体育艺术游戏情节有趣，形式活泼多样，具有一定的竞争性，易于激发幼儿积极探索和主动参与的愿望。在游戏中幼儿又始终处于积极主动的地位，他们自己选择游戏方式，准备玩具材料，协商角色，构思情节，控制游戏环境，制定游戏规则，充分地表现自己的游戏才能，所以民族、民间体育艺术游戏中的幼儿探索行为是自发的，要探索的事物是无数的，可挖掘的创造潜力是无穷的，幼儿在游戏时主动探索发现和学习，主动参加运动，这正是培养和发展幼儿创造能力的过程。

第二节 民族、民间体育艺术游戏的内容与特点

民族、民间体育艺术游戏包括流传于各个民族生活中的一切娱乐、儿戏、嬉戏、玩耍、玩乐、学作、竞技、博弈、斗胜、宴集与消遣等活动；幼儿玩在其中、学在其中、乐在其中，能产生快感、愉悦、助兴、挑战、拥有、满足等感受。民族、民间体育艺术游戏是民族传统文化的重要组成部分，是幼儿园宝贵的教育资源，在实际应用中，它具有以下特点。

一、内容丰富、取材方便、简便易行

在组织幼儿开展民族、民间体育艺术游戏的过程中，可以利用民族、民间体育艺术游戏的角色、规则、动作，初步对幼儿进行合作能力的培养。其中包括学会分配角色、遵守规则、协商解决争端等内容，以增强幼儿的合作意识，发展合作能力，让幼儿体验人与人相互交往、合作的重要性和快乐。这些游戏有的是徒手进行的，甚至只用幼儿的手、脚或身体的某个部位、某个动作就可以玩。有的使用的玩具特别简单、廉价，甚至没有玩具也可以用代替物，如一粒石子、一根绳子，这些随处可以得到的东西就可以使游戏开展起来。而且，民族、民间体育艺术游戏往往不受人数、年龄、场地和时间的局限。不论何时何地，只要想做游戏、愿意玩，幼儿就可以在走廊或活动室的一角、花园及家里，利用点滴的时间自由地玩耍。

二、地域性

地域是指一个民族长期繁衍生息的空间，各地区的人们由于受到不同地理环境的影响，形成了多姿多彩而又各具特色的民族、民间体育艺术游戏。中国自古就有“南人善舟，北人善马”之说，这是对不同地理环境影响人类身体活动的概括。每一种生态环境都相对独立，影响着民族、民间体育艺术游戏的形成与分布。每一个地区、每一个民族因自身的生存条件不同和发展需要不同，在其适应历史、适应自然环境的过程中，表现出衣、食、住、行等各个方面的地域差异，使得在漫长的历史过程中所产

生的民族、民间体育艺术游戏也表现出鲜明的地域性。

三、娱乐性和趣味性

对于幼儿来说，充满娱乐性和趣味性的游戏活动对其具有巨大的吸引力，如果在民族、民间体育艺术游戏中选择适合幼儿年龄特点和兴趣的活动融入幼儿园的体育活动中，能够使幼儿更积极地参与到体育运动中来，从而提高幼儿的身体素质和体育技能。而民族、民间体育艺术游戏的娱乐性和趣味性能够激发幼儿的兴趣，为幼儿的体育锻炼打下坚实的基础。如在沙包游戏中，可以设置游戏情节，比如“蚂蚁搬豆”“运石头”等，让游戏变得更加有趣。

四、灵活多样性

民族、民间体育艺术游戏内容丰富，形式多样，对场地器材的要求简单，没有人数、性别等条件的限制，便于操作，幼儿可以随时随地进行活动。例如“抓石子”游戏，需要的就是大小适中、外形匀称的几颗石子，可以在户外进行也可以在室内进行，可以单人练习玩耍也可以双人、多人比赛游戏，对场地、器材、人数等条件的要求都很简单。这些都体现了它的灵活多样性。

五、竞赛性

为了实现“玩耍”的原始目的，除了为幼儿寻找丰富有趣的活动内容，在游戏方式的构建上还要体现游戏的竞赛性。因为许多游戏的内容本身并不能体现快乐，它的最终目的是赢得比赛，能让参与游戏的人关心眼前的竞赛结果，从而得到快乐的体验。

第三节 民族、民间体育艺术游戏的建议

为了让民族、民间体育艺术游戏能在幼儿阶段更好地推广并产生更大的价值，我们既要坚持传统的应用原则，又要有发展眼光和创新思维。

一、民族、民间体育艺术游戏应用的原则

（一）适用性原则

不同年龄段的幼儿差异很大，其在对游戏的情节、角色的把握以及接受新游戏的能力、对游戏规则的认知等方面存在明显的差异。所以幼儿园在开展和改编民族、民间体育艺术游戏活动时，必须要充分考虑到幼儿的年龄特点和认知能力。例如，小班的幼儿接受能力、认知水平都比较低，所以教师所选择的民族、民间体育艺术游戏也要具有基础性。比如在沙包游戏中，先让幼儿自由游戏，观察幼儿游戏的方式，根据幼儿游戏的情况介入引导，对于玩得好的幼儿及时给予肯定和鼓励。

（二）教育性原则

《幼儿园工作规程》对幼儿园的教育目标进行了详细的规划，要求幼儿园要从幼儿的德、智、体、美、劳等多方面开展教育，从而促进幼儿身心健康、稳定发展。民族、民间体育艺术游戏主要是针对幼儿体育素质和技能的教育，但是由于教育间本身存在渗透性和影响性，所以在幼儿园的教育活动中引入民族、民间体育艺术游戏还能够达到德育和智育的效果。这也要求教师在应用和改编民族、民间体育艺术游戏时要结合各年龄段幼儿的教育目标，使幼儿的身心能够在体育艺术游戏中得到健康发展。

（三）园本性原则

受经济、地理等因素的影响，幼儿园的办园水平以及资金运行存在一定的差别，所以在民族、民间体育艺术游戏的选择上需要充分考虑本园的条件和特点，然后选择合适的体育艺术游戏进行开展和改编。比如小班中的“投球”游戏，皮球是幼儿熟悉的器械，而我们可以用废旧报纸和幼儿一起制作纸球，然后一起玩投球、打怪兽的游戏，幼儿对于这种自制的器械和不同的游戏方式是很感兴趣的。这样的游戏方式既提倡了废物利用，又锻炼了幼儿的动手能力。

（四）传承性原则

我国民族、民间游戏长期以来多以自发组织为主，这是其发展中的弱点。这不仅影响了传统民族、民间体育艺术游戏的传承，也影响了它的发展和创新。随着高科技游戏材料越来越普遍，传统民族、民间体育艺术游戏在幼儿学习和生活中开展得越来越少，无论是幼儿园还是家长，都逐渐忽视其作用和价值。要重塑传统民族、民间体育艺术游戏的地位，重拾传统民族、民间体育艺术游戏的价值，不仅仅要传承其游戏形式，更重要的是要传承其文化、规则和精神。

二、民族、民间体育艺术游戏的创新

对幼儿的教育本身就是一个不断发展和创新的过程，因此，要使民族、民间体育

艺术游戏跟上时代的步伐，就必须要对其进行持续不断的发展与创新。根据其传承的内容，结合游戏和幼儿实际情况，其内容创新应该从形式、文化、规则和精神这四个方面入手。

（一）形式创新

传统民族、民间体育艺术游戏发展到今天，有些游戏动作依然比较适合幼儿，但是有一些已经与时代脱节，不适合幼儿身心发展的需要。例如："斗鸡"游戏或者叫"角斗"游戏，从幼儿的生理特点和身体发展水平来看，膝盖比较猛烈的撞击对幼儿的身体健康并无好处；还有一些需要加入角色扮演的体育艺术游戏，如果还是沿用原来的如皇上、地主、农民等角色，幼儿不能理解，也不清楚他们之间到底是什么样的角色关系。如果按照动画片里面的角色来分配，则有助于幼儿理解各个角色相互之间的关系，也更利于游戏的开展。另外，所用器材的更新也很重要，如"竹水枪"和"弹弓"等游戏材料，竹子和木材由塑料代替，"木手枪"变成了仿制的塑料手枪，还可以打出"子弹"。沙包的制作也可以用机器一次成型来代替过去的手工缝制等。传统民族、民间体育艺术游戏与现代幼儿动作发展、幼儿熟知的人物角色和高科技游戏材料有机融合，可以开发出更多更好的体育艺术游戏课程。

（二）文化创新

在世界文化长河中，中国文化自成体系，想打破并代替这种体系，几乎是不可能的。从宏观层面上来讲，文化是一个国家最本源的灵魂。从传统民族、民间体育艺术游戏的角度来说，文化是其能够流传下来和不断发展的动力源泉。在体育文化大融合的今天，我国民族、民间传统体育文化并没有因此削弱，它以一种无形的力量影响并推动着主流文化发展的进程，其原因正是有了传统文化的支撑。因此，游戏文化的创新不能简单地借鉴国外的游戏文化或者单纯与国外游戏文化相融合，而是要在充分发挥其自身文化优势的前提下，吸取国外游戏文化的精华部分，来创新我们优秀的传统文化，这也是我们文化自信的体现。例如在美国学校篮球比赛中，虽然也是主要依靠团队配合与协作来赢得比赛，但是小球员们一有机会就要在比赛中显示自己的个性和球技，总体上来说就是不仅要赢，而且要赢得漂亮。而在国内中小学篮球比赛中，则更讲究同伴之间相互交流、相互协作，更讲究队员之间的相互关系和人际交往。这就是在不同的社会文化背景下所产生的不同的体育文化。另外，民族、民间体育艺术游戏的文化创新要更加贴近幼儿的现实生活，体现以幼儿为本的原则，而不是站在成人的角度，以文化论文化，陷入空洞的理论误区中。这样才能在游戏文化创新中找到幼儿的真正诉求。

（三）规则创新

规则是民族、民间体育艺术游戏创新和发展强有力的支撑和保障，它以无形的方式约束和影响着民族、民间体育艺术游戏的发展与传播。在传统民族、民间体育艺术游戏中，尤其是多人参与的集体游戏中，游戏的规则显得尤为重要。一些游戏规则虽然不合理，也不严谨，但是幼儿之间相互迁就一下还是可以继续开展下去。例如，在“老鼠偷米”的游戏中，“老鼠”在唱儿歌的时候“偷米”，儿歌唱完后如果“老鼠”还在圈内，就算被抓住，但是，并没有设置一定的障碍来阻止其“偷米”，“老鼠”可以在围成的圈内自由穿梭，游戏参与者默认出了圈外马上就要进入，但是更多时候，快唱完儿歌时，“老鼠”早已经在圈外等候了。在幼儿认知水平不高的情况下，游戏参与者尽管可能会有争执，但是为了游戏能够“顺利”开展下去，很快又会按照默认的规则继续进行下去。但是这不仅不利于游戏的传承和发展，也可能会造成幼儿对规则缺乏敬畏的心理，更可能会使幼儿在游戏中积累的“经验”应用在现实生活中，进而导致幼儿在现实生活中做出不遵守规则，甚至蔑视规则的行为。这就严重影响了传统民族、民间体育艺术游戏的持续性发展。缺少了明确的规则限制，任何一项体育运动项目都不可能充分发展起来。所以在集体游戏中，尤其是规则性游戏中，一定要凸显规则的完整性和严谨性，才能够使民族、民间体育艺术游戏在传承和发展过程中得到强有力的保障，并且这也是游戏规则创新的基本要求。需要注意的是，规则的创新要符合幼儿年龄和身心发展的特点，同一个游戏，针对不同认知水平的幼儿，要有不同的规则要求，切记不能“一刀切”。

（四）精神创新

在传承传统民族、民间体育艺术游戏时，我们既要取其精华，去其糟粕，也应该根据时代的潮流和社会的发展，丰富传统民族、民间体育艺术游戏的精神内涵。有学者提出：“当代中国体育文化对体育人文精神的建设，必须以社会主义核心价值观为指导。”同样地，在对传统民族、民间体育艺术游戏的游戏精神的创新中，我们也必须要以社会主义核心价值观为指引，不断拓展和丰富传统民族、民间体育艺术游戏精神，不断挖掘传统民族、民间体育艺术游戏中所蕴含的丰富的自由精神、人本精神和创造精神，因为它们在文化基础和意识形态上是完全一致的。同时，我们在借鉴国外讲究个性、不断超越、团结协作、鼓励竞争等优秀的游戏精神和体育精神的同时，要更加注重其与中华人文精神的融合，这才是精神创新的正确方向。此外，还要始终体现“以我为主”，始终坚持以幼儿为本，为民族、民间体育艺术游戏精神的持续创新注入活力。

第四节 民族、民间体育艺术游戏活动案例

一、小班游戏案例

案例 7-1 打水漂儿

1. 游戏方法

练习者用右手的拇指、食指、中指拿住一块瓦片（瓦片的凸面向下），食指扣在瓦片的边缘上，然后手臂在身侧从后向前甩动，将瓦片击向水面，瓦片受水面阻力的作用而在水面一跳一跳地前进，民间叫“打水漂儿”。

2. 游戏规则

（1）两人一对一进行比赛或几个人一起比赛，打水漂儿个数多者为胜。

（2）参与打水漂儿游戏需要注意的是手臂必须在身侧从后向前甩动，否则判为犯规。

3. 游戏场地和器材

（1）在江边或湖边进行。

（2）需要准备一些瓦片或薄石片。

案例 7-2 揪尾巴

1. 游戏方法

该游戏有多重玩法：

（1）玩法一：所有幼儿都将“尾巴”夹在裤腰上，由老师来揪尾巴。

（2）玩法二：一半的幼儿将“尾巴”夹在裤腰上，另一半幼儿去揪小朋友的“尾

巴”，一定时间后转化角色，看哪组揪的“尾巴”多。

(3) 玩法三：一对一限时揪“尾巴”，如图7-1所示。

图7-1 “揪尾巴”游戏

2. 游戏规则

(1) 一定要记住不能跑出规定范围，跑到范围外视为犯规，将停止游戏一次。

(2) 可以用音乐来控制游戏时间，音乐响起游戏开始，音乐停游戏停止。

(3) 不能用手压住“尾巴”，只能靠身体移动躲闪。

3. 游戏场地和器材

(1) 平整无障碍的运动场地。

(2) 每个幼儿配一个长布条。

案例7-3　老鹰捉小鸡

1. 游戏方法

老鹰捉小鸡，俗称“黄鹞吃鸡”，又叫“黄鼠狼吃鸡”，是一种多人参加的益智娱乐游戏，在户外或有一定空间的室内进行。这种游戏，对提高幼儿灵敏性和协调能力，培养幼儿的合作意识有一定的促进作用。以猜拳定出“老鹰”“鸡妈妈”“小鸡”，“小鸡”纵向排列站在“鸡妈妈”后面，“鸡妈妈”的身体为防止“老鹰”的捕捉，可以左右移动，在“鸡妈妈”身体左右移动的同时，“鸡妈妈”身后的“小鸡”们也随之移动，万一“老鹰”突破了“鸡妈妈”的防线，快要抓住最后面的“小鸡”时，“小鸡”立即蹲下，双手捂住耳朵，这样“老鹰”得重新站在“鸡妈妈”的前面，游戏重新开始。“小鸡”依次抓住“鸡妈妈”或前面“小鸡”的衣服，跑动避开“老鹰”的抓捕。如“小鸡”散开，即为一次游戏结束。下一次游戏开始时，被抓住或散开的“小鸡”做“老鹰”，排尾的“小鸡”做“鸡妈妈”，原来的“老鹰”排在“鸡妈妈”

后，原排尾倒数第二的“小鸡”排在原“老鹰”之后，如图 7 – 2 所示。

图 7 – 2 “老鹰捉小鸡”游戏

2. 游戏规则

(1) “老鹰”不许推“鸡妈妈”，只能跑动避开“鸡妈妈”，抓到“鸡妈妈”后面第三个以后的“小鸡”，即为一次游戏结束。

(2) “鸡妈妈”可以抓、拽、推、抱“老鹰”，张开双臂跑，尽量挡住“老鹰”。“鸡妈妈”在拦的同时，可以大声喊着“老鹰从哪边过来了”等话语，告诉自己身后的“小鸡”们。

3. 游戏场地

平整开阔的运动场地。

二、中班游戏案例

案例 7 – 4　丢沙包

1. 游戏方法

游戏人数最少在三人以上，划定一块区域（大概羽毛球场地大小），其中的两个幼儿站在场地两端，为“丢沙包”的人，两人互相传接。其余的幼儿在场地中可任意跑动，躲避两个人的沙包传接，如图 7 – 3 所示。

2. 游戏规则

(1) 被打到则算“死”掉一次，要下场等候。

(2) 被场中的人接到沙包一次，就可以得到一条“命”，接到的人可以指定任意一个场下等候的人上场。直到场中所有的人都下场后，游戏结束。

3. 游戏场地和器材

(1) 一块开阔平整的空地。

(2) 沙包（一般是用碎布及针线缝制而成，用细沙塞满的封闭的“包”）。

图 7－3 “丢沙包”游戏

案例 7－5 推铁环

1. 游戏方法

推铁环是一种中国传统民间儿童游戏，流行于二十世纪六七十年代，在全国各地均十分受欢迎。幼儿手捏顶头是 V 字形的铁棍或铁丝，推一个直径 40 厘米左右的黑铁环向前跑，发出哗啷哗啷的声音，如图 7－4 所示。有的还在铁环上套两三个小环，滚动时响声更大。

图 7－4 “推铁环”游戏

2. 游戏规则

(1) 比谁跑得快时，几个人同时出发，滚着铁环努力往前跑，快者胜。

（2）比谁慢时，停在原地不动，必须保证铁环不倒，时间长者胜。

3. 游戏场地和器材

（1）平整开阔的运动场地。

（2）铁环通常是用一根细铁丝弯成一个直径约 40 厘米的圆圈制成，然后用一个半圆的钩作“车把”，还可以在铁环上套上数个小环。

案例 7-6　“赶老牛”游戏

1. 游戏方法

将幼儿分成人数相等的攻守两队，分别站在自己的场地中，以中线为界进行比赛，双方各设一名守门员。在中圈由教师发令或鸣哨开球。由防守一方开始赶“老牛”，到了面前，进攻队员开始争抢，并积极配合，如图 7-5 所示。

图 7-5　“赶老牛”游戏

2. 游戏规则

（1）攻防时，身体不得接触或故意撞击。

（2）进攻队员要相互配合，积极争取胜利。

（3）“老牛”被赶入球门得一分，以最后得分多的队为胜。

（4）比赛分上下半时各 5 分钟，可采用淘汰制或单循环赛制进行，如果双方在规定时间都没有进球则被换下。

（5）游戏在教师指挥下进行。比赛中幼儿使用的木棍不得扬起，其中木棍的一端不得离开地面。

3. 游戏场地和器材

（1）平整开阔的运动场地。

（2）“老牛”可用垒球或方形木块代替；上场的人各持一根1.2米长的木棍赶“老牛”。

三、大班游戏案例

案例7-7　跳皮筋

1. 游戏方法

该游戏为个人完成级别计时赛。如图7-6所示，两名老师间隔5～6米，用身体将橡皮筋平行于地面撑开，两筋间距20厘米。幼儿分别完成3个级别的比赛（橡皮筋中部距地面15、20、30厘米），裁判员喊口令“开始”并开表计时，选手开始比赛。每级别完成动作的顺序是：

（1）双脚跳起落地踩住同侧橡皮筋。

（2）双脚跳起落地踩住两根橡皮筋。

（3）双脚跳起落地分别踩住各一根橡皮筋。

（4）双脚跳起落地站于两根橡皮筋中间。

（5）双脚跳出橡皮筋落在对侧。

（6）双脚起跳转体180°，用脚底或脚外侧将近侧筋带跃过对侧筋踩于脚下（如两筋未能分开，应用脚尖慢慢放开对侧筋，脚跟不能移动；如有一只脚未能踩筋或在放筋时脚跟移动而有筋脱离脚下，则应用另一脚完成以后动作）再跳转落于交叉的两根橡皮筋中。

（7）跳出橡皮筋，落于最初一侧，完成一次升级。

图7-6　“跳皮筋”游戏

2. 游戏规则

(1) 失误：在跳筋过程中没有按照规定的动作顺序要求完成为失误，由裁判员警告1次，并记失误1次。

(2) 完成级别越高，失误越少，所用时间最短者名次列前（先看级别、失误情况再看时间）。

(3) 每名选手在比赛过程中失误超过两次终止比赛，记录成绩。

3. 游戏场地和器材

(1) 平整土地或塑胶、水泥地面上进行。

(2) 一根长10米的圆形松紧带。

案例7-8 跳房子

1. 游戏方法

跳房子在各个地区的玩法大同小异，所画房子的形状和数量也有差异，有六格房、十格房、宽大房、圆顶房、飞机房、梅花房等。“跳房子”游戏有单人跳、双人轮换跳、多人轮换跳和多人分组跳等多种形式，没有参加人数的限制。一般的游戏方法是：先在地上画一个飞机状的房子，每个方格内写一个数字，按由下往上的顺序，最下面三排分别是1、2、3各一格，第四排由左而右4、5两格并列，第五排是6为单独一格，再往上由7、8左右两格并列，最上面的顶端，书写“天”字，代表“天空”，以半弧线包在“天”字外，如图7-7所示。游戏开始后，参加者先通过猜拳决出游戏次序，第一个人将瓦片扔在第1格内，随即开始单脚跳，在两格横排并列处用双脚跳，跳至第7、8格时，双脚同时跃起向后转身再往回跳，跳至第2格时弯腰捡起在第1格的瓦片，再由第2格跃到第1格外。然后，将瓦片扔在第2格，最后站在第3格里拾起瓦片并跳跃至第1格再跳出。依此类推，跳完第8格后，可将瓦片扔向“天空”，再从第1格依次跳，当跳到第7、8格时向后跳转双脚落地，然后用手向后摸瓦片，摸到后跳出“天”字外；接着，背对房子扔瓦片，瓦片落到的那个格子就成为“跳房子”人的房子，并在该格子上写上他的名字，当他再从第1格起跳至自己的房子时便可双脚落地。

2. 游戏规则

(1) 瓦片扔不进格子内或扔过线、脚踩线、在自己房子之外的格内双脚落地或在房子内逗留很长时间都属于违规，一旦违规就改由下一个人开始跳。

(2) 游戏最后，谁占的房子最多谁就获胜。

3. 游戏场地和器材

(1) 在平坦的场地上画一个由各种形状（如长方形、正方形、圆形、三角形等跳

图 7-7 “跳房子”游戏

房子游戏场景）组成“房子”的图形。

(2)“子”一块（最好每人一只）。“子”可以是石头、瓦片、沙包、木块、小铁盒子、压扁的易拉罐，也可以用线将纽扣、贝壳或田螺壳、柿子核等串绑而成，便于被脚控制即可。

案例 7-9 竹竿舞

1. 游戏方法

打柴舞又叫竹竿舞，是在晒谷场或山坡的地坪上，平行摆开较粗的两条方木作为垫架，垫架上横放若干条粗长竹竿，持竿者面对面双手各持一条竹竿尾端，让竹竿与垫架、竹竿与竹竿碰击出有节奏的声音，如图 7-8 所示。

图 7-8 “竹竿舞”游戏

2. 游戏规则

(1) 竹竿舞有一套完整的舞具和跳法，舞具由两条垫木和数对小木组成。

(2) 敲杆节奏："开开合合、开开合合、开合开合、开开合合"。也可演变为："健健康康、快快乐乐、和和美美、幸幸福福、高高兴兴""高兴高兴，高高兴兴"。

(3) 跳舞时将两条垫木相对隔开 2 米左右平行摆放于地面上，垫木上架数对小木棍。木棍两端分别由数人执握，两两相对，上下、左右、分合、交叉拍击，发出强烈有力的节奏。

(4) 跳舞者跳入竹竿中，来往跳跃、蹲伏，模仿人类劳动和各种动物的动作及声音。

(5) 可在欢快的音乐伴奏下游戏。

3. 游戏场地和器材

(1) 晒谷场或山坡的地坪。

(2) 竹竿若干。

本章小结

民族、民间体育艺术游戏的教育目标是让幼儿学会做人、学会做事、树立终身体育意识以及培养想象力和创造力。民族、民间体育艺术游戏内容丰富，形式多样，有鲜明的地域性，并兼具娱乐性、趣味性和竞赛性的特点。民族、民间体育艺术游戏在具体应用时建议遵循适用性原则、教育性原则、园本性原则和传承性原则。根据其传承的内容，结合游戏和幼儿实际情况，民族、民间体育艺术游戏的内容创新也应该从形式、文化、规则和精神这四个方面入手。

思考与练习

1. 民族、民间体育艺术游戏对幼儿成长的积极意义是什么？
2. 民族、民间体育艺术游戏的教育目标是什么？
3. 举例阐述民族、民间体育艺术游戏的地域性和竞争性。
4. 结合本章提到的创新思路，分别为三个年龄段幼儿设计一个创新游戏。

第八章　幼儿体育艺术游戏的创编

本章导读

对于幼儿教育从业者来说，创编体育艺术游戏是必须要掌握的技能之一。本章介绍了幼儿体育艺术游戏的原则和流程，重点介绍了幼儿体育艺术游戏创编的方法；同时设置相关游戏案例以供参考和运用。

学习目标

- 了解幼儿体育艺术游戏创编的原则。
- 熟悉幼儿体育艺术游戏创编的流程。
- 掌握幼儿体育艺术游戏的创编方法。

案例导入

一个小女孩性格比较孤僻，在集体活动时经常不能融入集体，一个人跑到一边坐着，或是在旁边看其他小朋友活动，自己却不动，久而久之其他小朋友都忽略了她的存在，也很少有小朋友愿意和她说话、和她一起玩。针对这种情况，老师安排了一些集体游戏，让这个小女孩融入游戏情境当中，充当游戏中的角色，让小女孩认识到自己的角色很重要，从而帮助她融入群体活动中。例如：在游戏“老鹰捉小鸡”中，老师安排这个小女孩做“鸡妈妈”，并对她说：“你现在是‘鸡妈妈’啦，你后面的小朋友都是你的‘鸡宝宝’，你要挥舞‘大翅膀’快速移动，避开‘老鹰’的追捕，保护好你的宝宝们。‘鸡妈妈’，现在‘鸡宝宝’们就交给你啦!”通过游戏，这个小女孩很快进入了自己“鸡妈妈”的角色，很积极地投入游戏当中，充当了保护者的角色，树立了责任感。老师了解到这个小女孩平时有学拉丁舞，因此组织了一个游戏“我是小小舞蹈家”，让每个小朋友都充当小老师，伴随音乐教大家一个舞蹈动作，或是难度动作（下横叉、竖叉等），然后教师在游戏过程中多次鼓励表扬这个小女孩，如“你的拉丁舞跳得真棒”“你教得真好，你看小朋友们都学得好认真”等，并告诉其他小朋友平时要多向这个小女孩学习。通过这个能表现她特长的小游戏，小女孩树立了自信心，而其他小朋友看她拉丁舞跳得那么好，都很羡慕，都想跟她做朋友了，平时跟她的交流和互动也多了起来，小女孩看大家都喜欢她和她一起玩了，自然而然地就融入了集体，性格也变得开朗起来。

点评：在平时的活动中，老师可以根据幼儿们的具体情况，有针对性、有目的性地创编一些集体幼儿体育艺术游戏，创设游戏情境，让幼儿通过不同角色的扮演，学习不同角色的交往方式，想象并体会不同的情感，无形中使幼儿增强自我意识和群体意识，为幼儿提供探索、求知、交往、合作的机会。有针对性地创编幼儿体育艺术游戏是培养幼儿良好个性的有效途径。

第一节　幼儿体育艺术游戏创编的原则

一、安全性原则

（一）根据幼儿的运动系统特点进行创编

前文已述，幼儿的运动系统包括骨骼与关节、肌肉、运动卫生等方面，因此应从这几个方面考虑幼儿参与游戏的安全性。

因幼儿骨骼富有弹性而不够坚固，不容易完全骨折而易于发生弯曲和变形，因此在进行游戏创编时，应考虑到不能负重过大，以免造成伤害。例如进行器械游戏时，应采用轻负荷或是克服自身重量的游戏方式。同时要注意肢体运动的多样化，避免因长时间单侧肢体活动或长期保持不良身体姿态而引起骨骼弯曲变形，特别是脊柱的变形。幼儿体育艺术游戏创编时应考虑促进幼儿肢体的全面发展，注意各种体式的轮换，帮助幼儿形成正确的身体姿态。由于幼儿的关节活动范围大于成人，牢固性相对较差，在外力作用下较易脱位，因此应注意避免一些剧烈拉扯动作。由于幼儿的肌肉收缩功能较弱，耐力差，易疲劳，因此在进行游戏创编时应考虑时间不能过长，以免造成肌肉损伤。

加强对幼儿腰椎、颈椎、膝关节、肘关节等部位稳定性动作的保护，注重动作过程中维持腰椎及躯干固定，膝关节、肘关节链接滑动支撑的稳定性，发挥髋关节、肩关节灵活性的动作功能。动作游戏要在教师的引导和保护下，在柔软和充分安全的场地，以集体游戏的方式进行。教师应掌握基本软组织损伤的处理和急救方法，注意对于生长发育早熟和晚熟幼儿的区别对待和保护。

根据运动卫生的原则，在幼儿体育艺术游戏创编时应从促进健康、提高身体素质的角度出发，考虑遵循适合年龄特点、适合性别特点、适合健康特点、循序渐进等原则，预防运动损伤及运动性疾病的发生。

（二）根据幼儿的血液循环系统和呼吸系统特点进行创编

由于幼儿的血压较低，交感神经调节占优势，心肌发育不够完善，运动时主要靠加快心率来增加心输出量以适应需要，因此在创编幼儿体育游戏时，应控制游戏的激烈程度，防止幼儿出现心律过快的情况。

由于幼儿呼吸肌较弱、调节功能不完善，对强度较大而持续时间较长的运动适应能力较低，容易疲劳。因此在游戏创编时应考虑适宜的运动强度和运动频率，以免造成心血管损伤。在创编幼儿体育艺术游戏时，应通过创编不同的游戏活动方式来引导幼儿掌握适宜的呼吸方式。例如使幼儿在游戏中学会呼吸与运动动作配合，学会有意识地加深呼吸，能够帮助幼儿提高呼吸效率，发展运动能力。

（三）注意幼儿体育艺术游戏与进餐之间的时间间隔

根据幼儿消化功能的特点，饱餐后应避免立刻进行运动，避免影响消化甚至因食物滞留而引起其他胃肠道综合征。剧烈运动后，应经过适当休息再进餐，以免影响消化。

（四）注意外部环境的安全性

1. 考虑场地设施的安全

检查场地周围是否有危险物品，例如地面是否平坦、地面软硬度是否适宜、建筑物是否牢固、游戏用的器材是否安全、器材有无尖锐棱角、台阶高度是否适合、游戏设施安排是否合理等。

2. 考虑气候和天气变化

在室外活动时应考虑天气变化，如雨雪天地面湿滑，容易摔倒；夏天温度过高时，不适合进行户外游戏，避免中暑；冬天室外较冷，因穿的衣服过多而影响运动；运动完衣服湿透应及时更换衣服以免引起感冒等。

（五）培养学生的安全意识

在游戏前，教师应首先培养幼儿的安全意识。通过语言、示范、视频、模仿等方式对幼儿进行安全教育，使其自觉遵守游戏规则。例如，拿器材时应排队有秩序地去拿，跑步时应在自己的跑道上跑而不能跑到其他小朋友的跑道上，跳跃时应注意落地缓冲，避免引起膝关节损伤，运动前做好热身运动，集体活动时避免剧烈碰撞，出现受伤情况时应及时报告给老师等。

二、教育启发性原则

在幼儿体育艺术游戏的创编中，应注重幼儿的心理发展，营造师生、家长与同伴之间互助友爱的愉快气氛，促进幼儿的健康情感和动作自信的发展；丰富多元化环境适应、感知、情感和趣味性动作体验，促进幼儿体智能的发展，以及初期动作学习与控制能力的发展；注重幼儿思维能力的培养，并以直观行动思维和具体形象思维为主，让幼儿在游戏中自由探究如何利用物品进行活动，并发挥其想象力，引导幼儿不断创新、尝试。例如给幼儿一个游戏物品，先让他自己设定和伙伴之间游戏的方式，教师在旁边给以肯定和指导，鼓励幼儿的创新意识。在游戏中鼓励学生主动发言、担任小组长等职务，让学生主动参与游戏，表达游戏的玩法、要求等，通过伙伴之间的交流，培养幼儿的语言表达能力和团结协作精神；通过不同的声音、色彩、形象、动作等培养幼儿的有意注意力；注重引导幼儿形成良好的个性特质，帮助其发展健全的人格，养成乐观的情绪，形成活泼开朗的性格，培养勇敢、自信、善良的个性和积极主动的心态；培养幼儿良好的社会适应能力，包括与人合作与分工的能力、化解矛盾的能力、与人沟通的能力、控制自己情绪的能力，以及遵守规则的意识等。

三、趣味性原则

由于幼儿的年龄特点，想让他们积极主动地参与到游戏中来，就必须注重游戏的趣味性，在游戏的竞争性、动作的设计、胜负的判定以及游戏的情节等方面多下功夫，在游戏的内容和形式上进行升级，在游戏的活动空间上进行室内外的转换，唤起幼儿的学习热情。例如通过亲子游戏，为孩子和家长创造一个良好的合作氛围，使幼儿体验亲子运动的快乐，培养幼儿活泼开朗的性格，增进亲子之情；通过户外游戏，开阔幼儿视野，让幼儿呼吸新鲜空气，感受大自然的美好，并适当运用大自然的树木、花草、小溪等开展幼儿体育艺术游戏，培养幼儿大胆、自信、善于观察的良好品质。

四、针对性原则

体育游戏是一种有目的、有意识的体育教育活动，因此，要根据幼儿的年龄、性别、健康等特点，并结合课程的教学目标和任务，对体育艺术游戏进行创编，才能取得好的效果。

（一）针对幼儿身体发展特点进行创编

对体育艺术游戏进行创编时，首先要考虑到幼儿的运动系统、血液循环系统和呼吸系统、神经系统、其他器官系统的特点。对于3～5岁的幼儿，其体育课程目标是：通过家庭亲子互动行为和多样化环境的感受体验，创设适合幼儿感觉、认知、初级基本动作发展和生长发育的适宜条件，并保障幼儿的良好营养和成长环境的安全性。按照体育课程目标，以及基本动作技能初级发展的要求，可以以短时间有氧活动和游戏方式进行。例如：基础非位移技能（如伸展身体、屈体等）、基础位移技能（如慢跑、连续兔跳等）、基础控制物体技能（如投、抛、拍球、踢球、滚动等）。对于6～7岁的幼儿来说，其体育课程目标是在体育游戏和简单的比赛中，能够安全地尝试和应用4～5项比较连贯的中级基本动作技能，能够初步评价和理解自己和同学的运动计划，逐步改善自己的动作和认知，在快乐的环境下培养幼儿尝试多样化新动作的勇气。

创编动作的重点在于父母或保育员的引导或与玩伴互动的游戏方式，拓展神经系统支配和控制粗大动作的感知觉统合游戏和练习内容，初步结合多样化眼-手协调动作、眼-脚协调动作等精细动作游戏，优化神经系统整合支配和控制粗大动作的感知觉统合练习，结合全身和四肢协调的精细动作练习，适时引入视觉、听觉和本体感觉控制动作练习，拓展和促进幼儿动作能力的全面发展。

（二）针对幼儿心理发展特点进行创编

在对体育艺术游戏进行创编时应考虑到幼儿的感知能力、思维能力、认知能力和注意力的发展特点，注重体育艺术游戏对幼儿个性形成的影响，帮助幼儿发展健全的人格，培养呵护幼儿的自信心，激发幼儿的积极性和主动性，增强幼儿的社会适应能力；营造师生与伙伴之间互助友爱的和谐和快乐的环境，促进幼儿的健康情感和动作自信发展；丰富多元化环境适应、感知、情感和趣味性粗大和精细动作体验，促进幼儿体智能，以及初期动作学习与控制能力的发展，培养团队协作意识和互助友爱精神；进一步提高幼儿体智能和身心合一执行动作的能力，形成基础动作学习与控制能力，初步尝试跨越多关节、富于本体感觉的动作练习。

第二节　幼儿体育艺术游戏创编的流程

一、确定幼儿体育艺术游戏的目标和任务

（一）目标

体育艺术项目属于技能主导类表现难美性项群，幼儿体育艺术游戏的目标包括以下几个方面。

1. 体能特征

具有优美的形体，动作敏捷而灵巧，神经过程的均衡性和灵活性高，视、听、触觉及本体感觉准确、灵敏。在素质方面，力量、柔韧、灵敏、动作速度和专项耐力都有着重要的作用。

2. 技能特征

技能主要表现为时空判断准确，对身体姿态的控制能力强，能够熟练掌握各种专门器械，以及与同伴协调配合。

3. 心理和智能特征

感知觉灵敏度高，善于自我调节，具有果敢精神。在智能上具有丰富的想象力和创造力，善于分析和判断动作。

（二）任务

提高体育艺术项目的水平是从提高其竞技能力出发的，因此需要掌握其训练的特点，这样在进行幼儿体育艺术游戏创编时，就可以从其训练的侧重点出发进行创编。

1. 身体训练

身体训练即身体素质训练，如在进行一定的长跑、短跑、游泳和球类活动的基础上，采用在技术结构上近似于基本运动技能的动作和能提高运动素质新水平的专门动作作为专项素质训练的手段。在进行游戏创编时可以从力量、速度、耐力、柔韧、平衡力等方面入手，通过各种相关身体训练游戏提高幼儿的各项身体素质。

2. 技术训练

技术训练主要包括基本动作和高难度动作的训练。例如啦啦操的基本手位有 36 个，比如上 A、下 H、侧 K、L 等，技巧啦啦操难度动作包括翻腾、抛接、托举、金字塔。健美操的基本步法有七种：踏步、后踢腿跑、吸腿跳、弹踢腿、大踢腿、开合跳、弓步跳。竞技健美操难度动作包括 ABCD 四个不同的组别：A 组难度动作——动力性力量，如俯卧撑、单腿后倒俯卧撑等；B 组难度动作——静力性力量，如直角支撑、直角支撑转体 360°等；C 组难度动作——跳与跃，如跳转 360°、屈体分腿跳、科萨克跳等；D 组难度动作——平衡与柔韧，如侧搬腿平衡、单足转体 360°、纵劈腿等。因此可以针对体育艺术的基本动作和难度动作来进行体育艺术游戏创编，将动作融入游戏当中。

3. 心理训练

心理训练的主要目的是调节幼儿的心理状态，为取得优异成绩而进行各种必要的心理准备。采用的主要方法有念动训练法、模拟训练法和自我调节法等。对于幼儿来说，常见的心理问题主要包括：自卑心理、骄傲心理、畏惧心理、依赖心理、缺乏安全感、注意力不集中、不合群、缺乏责任心等。因此，在进行幼儿体育艺术游戏创编时，应该针对幼儿存在的一些心理问题设计一些游戏，来帮助他们解决存在的心理问题。

4. 艺术表现能力训练

多以舞蹈训练为主培养形体表现力，有音乐伴奏的项目还要让幼儿按不同节奏完成动作和根据音乐内容做即兴表演和小品表演，以培养其动作节奏感和表演能力。因此，在进行幼儿体育艺术游戏创编时，可以通过音乐伴奏、即兴舞蹈表演、身体节奏练习等形式，来提高幼儿的艺术表现力。

综合以上内容来看，在进行幼儿体育艺术游戏的创编时，要充分考虑体育艺术项目的竞技能力决定因素（体能、技能、心理和智能），从其训练（身体训练、技术训练、心理训练、艺术表现能力训练）的特点出发来确定幼儿体育艺术游戏的目标和任务。

二、搜集并选择幼儿体育艺术游戏素材

在进行体育艺术游戏创编时，要通过网络、文献、书籍等资料搜集丰富的体育游戏素材，积累创编幼儿体育艺术游戏的经验，并根据幼儿的实际情况从中筛选出符合幼儿体育艺术游戏目标和任务的体育游戏，通过各种角色的塑造、游戏器械的创新和变化运用，游戏方法和规则的创新，以及传统游戏的组合、分离、移植、变化、合并等创编出形式新颖、丰富有趣的幼儿体育艺术游戏。

三、选择合适的幼儿体育艺术游戏创编方法

（一）根据游戏训练目标进行创编

幼儿体育艺术游戏训练目标的分类见表 8－1。

表 8－1 幼儿体育艺术游戏训练目标的分类

序号	训练目标	具体游戏
1	身体训练	速度游戏、力量游戏、耐力游戏、柔韧游戏、平衡力游戏等
2	技能训练	基本技术类游戏（包括健美操、啦啦操、体育舞蹈、花样游泳等体育艺术项目的基本动作）、高难度技术类游戏（包含体育艺术项目的高难度动作的游戏）
3	心理训练	根据幼儿存在的心理问题，为发展幼儿健康的心理而进行的有针对性的心理游戏（集中注意力游戏、增强责任感游戏、建立信任的游戏、培养合作精神的游戏、提高自制力的游戏等）
4	艺术表现能力训练	音乐伴奏游戏、歌伴舞即兴创编游戏、形象模仿游戏、角色扮演游戏、器材运用自我创编游戏、多媒体创设情境游戏等

（二）根据有无器材进行创编

在进行幼儿体育艺术游戏创编时，可以从有无器材两个方面来考虑进行分类创编。

1. 无器材创编

当没有器材时，游戏的进行主要是通过幼儿自身的肢体动作、幼儿相互合作或竞争等方式来完成。下面我们通过具体案例来进行理解。

案例 8－1　我是小陀螺

1. 游戏方法

幼儿站好，可以把手臂伸直，不要负任何东西，双手侧平举，原地旋转，如图 8－1 所示。

图 8－1　“我是小陀螺”游戏

2. 游戏规则

(1) 在幼儿旋转的时候老师可以说：“宝宝像个小陀螺，转转转……好，停下来，看看宝宝能不能站好不倒下。”

(2) 停止旋转后让幼儿静静地站立一会儿，直到感觉不晕了。

(3) 用这种方法连续做五次，并且每天坚持如此。

(4) 为了引起幼儿的兴趣，老师可以和幼儿轮流做，看谁能坚持下来不倒下。

3. 游戏场地

没有障碍物的软垫子上。

案例 8－2　摇小船

1. 游戏方法

两腿弯曲，两臂抱住弯曲的双腿，用力使身体向前后移动，像只小船在摇，如图 8－2 所示。

2. 游戏规则

(1) 刚开始的时候，老师可以给幼儿一些帮助。

(2) 后背到臀部要滚动到位。

图 8-2 “摇小船”游戏

3. 游戏场地

床上或是软垫子上。

案例 8-3 捉老鼠

1. 游戏方法

教师和幼儿手拉手站成一个大圆圈做“老鼠笼”，3～5 名幼儿站在大圆圈里扮演“老鼠”。扮演“老鼠笼”的幼儿手拉手举起并念儿歌，扮演“老鼠”的幼儿则在“老鼠笼”四周钻进钻出。当念到“咔嚓一声”时，扮演“老鼠笼”的幼儿立即放下手，同时蹲下，在“老鼠笼”内的“老鼠”算被捉住，被捉住的幼儿表演节目，然后站在大圆圈上做“老鼠笼”。游戏继续进行，直到“老鼠”全部被捉住再调换部分角色，游戏重新开始，如图 8-3 所示。

图 8-3 “捉老鼠”游戏

2. 游戏规则

扮演“老鼠笼”的幼儿放下手，同时蹲下才算抓住“老鼠”。

3. 游戏场地

没有障碍物的空地。

2. 有器材创编

教师可以充分发挥想象力、创造力，制作出适合不同龄段幼儿使用的丰富多样、安全实用、操作简便、富有艺术性的玩具器械。可以将丢弃的废旧自来水管、饮料瓶、布条、铁丝、塑料桶等材料变成一个个具有生命力、惟妙惟肖的玩具，通过这些玩具发展幼儿平衡、钻爬、跳跃、准确性等基本动作能力；也可以利用自然物，如凳子、书桌、报纸、纸板等创编游戏；还可以自制器材，如用沙包、花球、矿泉水瓶哑铃等简易器材进行游戏创编，能够极大地丰富创编的内容和形式。

案例 8－4　踢球比赛

1. 游戏方法

在地上并排画数个圆圈，旁边各放二至三只球（易拉罐），在 15 米处各插上相应的标杆。游戏者进入圈内，发令后迅速以滚动的方法把球（易拉罐）逐个踢到标杆处，再绕过返回，以最先完成者为优胜，如图 8－4 所示。

图 8－4　“踢球比赛”游戏

2. 游戏规则

(1) 返回时只能在自己的区域内跑动，不能跑到别人的区域，阻挡别人。

(2) 只能用脚踢，手及身体其他部位不能碰球（易拉罐）。

3. 游戏场地

开阔的平地。

4. 游戏器材

粉笔、标杆、球（易拉罐）。

通过“踢球比赛”游戏，可以提高幼儿的身体协调性、动作准确性，提高身体素质和竞争意识，并培养幼儿的球感，为未来接触足球项目打下基础。

我们在进行幼儿体育艺术游戏的创编时，可以在这个游戏的基础上进行改编：配合健美操节奏的欢快音乐，在发令前先随音乐做两个八拍的健美操基本动作（一个八拍后踢腿跑、一个八拍吸腿跳）热身，然后再伴随音乐开始踢球。通过改编，既让幼儿学习了健美操的基本技术，增强了乐感，又加大了运动量；同时，在游戏过程中加入体育艺术基本技术元素，提高了游戏的趣味性和技术含量。

案例 8-5　过小桥

1. 游戏方法

如图 8-5 所示，六个幼儿一组，一个幼儿下腰（下桥），另外五个幼儿从下腰的幼儿“桥”下穿过，五个幼儿全部通过后，下腰的两个幼儿在老师的帮助下起身，然后依次轮换下腰的幼儿和过“桥”的幼儿。

图 8-5　“过小桥”游戏

2. 游戏规则

（1）从“桥”下钻过的幼儿不能触碰到下腰的幼儿。

（2）钻的速度要快，一个跟一个。

3. 游戏场地

开阔的平地。

4. 游戏器材

音乐播放器。

通过“过小桥”游戏，可以提高幼儿的腰部力量和柔韧性。因为下腰动作本身是枯燥并且有难度的，有些腰部柔韧性不是很好的幼儿可能比较畏惧，通过“过桥”的形式，可以帮助幼儿克服畏惧心理，加长下腰的时间，提高做难度动作的乐趣，在游戏中提高下腰的水平。

案例 8-6　小熊小熊没椅子

1. 游戏方法

游戏前，先教幼儿学会唱儿歌："一个娃娃一个家，小熊小熊没有家，小熊小熊是谁呀？小熊小熊就是他。"七人一组进行游戏，七张椅子一圈摆好，放皇冠的椅子不可以坐。游戏者站在椅子旁。游戏开始，游戏者边念儿歌边绕椅子走，当说到"他"时，赶紧找椅子坐下，没有抢到椅子的就是小熊，要淘汰出局。没有抢到椅子的幼儿要表演才艺节目。先由家长进行此游戏找出大熊，再由幼儿组进行游戏找出小熊，最后由家长跟幼儿一起进行这个游戏，如图 8-6 所示。

图 8-6　"小熊小熊没椅子"游戏

2. 游戏规则

不能抢先坐椅子。

3. 游戏场地

开阔的平地，室内、室外都可以。

4. 游戏器材

椅子若干。

"小熊小熊没椅子"游戏可以提高幼儿的反应能力，提高神经过程的均衡性和灵活性，以及视、听、触觉及本体感觉的准确性、灵敏性，同时可以增进亲子感情。我们也可以在这个游戏的基础上进行改编：游戏者在念儿歌时，根据儿歌的节奏进行后踢腿跑和双手的下 M 和高 V 动作（根据幼儿运动水平可以只做腿部动作或是手部动作），这样幼儿既可以学到啦啦操的基本动作和手位，还可以提高节奏感和协调性。

有器材时可以根据游戏使用的器材的特点来进行创编。幼儿体育艺术游戏中常用的道具和器材有球、棒、绳以及木块、平衡木等。利用这些器材的特点，我们可以设计出相关的游戏情节。如玩球活动可以构思成“打保龄球”“运西瓜”等，而走平衡木等道具时，我们可以和“过小河”“火炬传递赛”等情节联系在一起。

（三）根据场地不同进行创编

根据场地情况，可以从两方面进行创编：室内游戏、室外游戏。

1. 室内游戏

创编时可以不用道具，像小时候的“跳房子”游戏，在室内也能进行。小班的幼儿可能无法理解太复杂的规则，那么就可以把形状画得简单一点，这样也可以开心地跳跃。大班幼儿玩的话，也可以增加一些难度，例如把格子涂上颜色，玩的同时可以增强幼儿对颜色的认知。也可以利用现有的音响、凳子、桌子、画板、玩具或是体育器材组合等进行游戏。例如，自制投掷类的教玩具，几个篮子、一些海洋球，让幼儿投进对应颜色的筐里面；自制家庭版的“保龄球”，将纸杯垒高，用小球投掷，看看谁推倒的纸杯多。

案例 8-7 **丢手绢**

1. 游戏方法

一群幼儿围成一圈闭上眼睛，一个幼儿在圈外，腿部做健美操后踢腿动作，双手自我创编动作（摆手、上 V、下 V 等），嘴里唱“丢、丢、丢手绢，轻轻地放在小朋友的后面，大家不要告诉他，快来快来抓住他，快来快来抓住他”。然后将手绢放在一个幼儿的背后，幼儿睁开眼睛，手绢放在谁的后面，谁就起身去追放手绢的幼儿，被抓到的幼儿要表演节目，然后回到空位上。如果没有被抓到，拿着小手绢的幼儿就表演节目，然后继续游戏，如图 8-7 所示。

图 8-7 “丢手绢”游戏

2. 游戏规则

（1）儿歌唱完后闭着眼睛的幼儿才可以睁开眼睛。

（2）拿到身后的手绢再去追圈外的幼儿。

3. 游戏场地

宽阔的平地。

4. 游戏器材

小手绢一块。

案例 8-8　　炒豆豆

1. 游戏方法

将幼儿每组八人分为四组。每组前两人相对而立，手牵手，边唱儿歌，边有节奏地向左右协调摆拉丁手位。儿歌唱到最后一句时，两人举起一侧的手臂，然后共同从手臂下钻过，翻转身体 180°，还原姿势。当儿歌唱完时，再翻跟头，然后跑到对面的终点线，全部队员先跑完的队为赢，游戏反复进行。

2. 游戏规则

(1) 每组两个人跑到对面终点线后，后面两个人才能开始。

(2) 只能在自己的跑道范围内跑动，不能跑到其他队伍区域范围内。

3. 游戏场地

宽阔的平地。

4. 游戏器材

体操垫子四块。

通过这些游戏，可以锻炼幼儿的音乐节奏感、身体协调性，使幼儿学习体育艺术的技能，培养幼儿的艺术感，培养幼儿相互间的合作能力。

2. 室外游戏

幼儿爱玩游戏，尤其喜爱户外游戏。户外是一个开阔的天地，有温暖的阳光、新鲜的空气，也是一本很好的教科书。教师可以通过幼儿体育艺术游戏创编把幼儿的兴趣引向户外，让幼儿接触自然，充分体验户外活动的快乐。可以依托自然资源，创设良好的户外环境，充分挖掘改造丰富的自然资源，将它们创设为幼儿户外活动的乐园。爬梯、小木屋、秋千、攀缘壁等都可以成为游戏创编的素材。特别是一物多玩，可以充分激发幼儿的想象力和参与户外活动的兴趣。钻山洞、自由搭建、彩虹伞、爬木梯、舞长龙等多样的活动、新奇的玩法，可以让幼儿快乐地运动在阳光下。在户外自由活动中，我们也可以打破幼儿年龄、班级的界限，扩大幼儿之间的接触与交往，让幼儿在活动中相互影响，共同进步。幼儿在活动中根据自己的爱好，自由选择运动器械，自由结伴，在快乐、有趣的环境中与同伴进行交流，分享自己发现的信息，成为活动的主人，更好地去实践和探索。

案例 8-9　我是小小啦啦操队员

1. 游戏方法

根据幼儿人数分组，每组人数相等。为每组幼儿规定一条跑道，将绳子盘成不同的形状放在跑道上，如圆形、三角形、正方形等，作为标志物，如圆形要求吸腿跳（V字步）、三角形要求弹踢腿跳（前点地）、正方形要求开合跳（原地踏步）等，根据幼儿的年龄层次和接受能力，改变动作的难易程度，每个形状之间间隔至少两米，形状之间跑步行进，跑完最后一个标志物后折返，跑回来拍队友的手，下一个幼儿继续，先完成跑回起点的组获胜，如图 8-8 所示。

图 8-8　“我是小小啦啦操队员”游戏

2. 游戏规则

（1）每个形状内要跳一样的动作，跳错了要在原地重跳正确动作才能到下一个形状。

（2）只能在自己的跑道范围内跑动，不能跑到其他队伍区域范围内。

3. 游戏场地

草地或操场。

4. 游戏器材

绳子若干、粉笔若干。

这个小游戏可以根据幼儿不同的年龄、场地大小来改变绳子的形状等，设计多种玩法，对幼儿来说乐趣无穷。幼儿在玩游戏的同时，可以学会辨别不同的形状，学会啦啦操基本动作，既锻炼了体能，又提高了乐感，并且培养了集体配合意识。

户外游戏除了在地面上进行，还可以在水中进行，可以先让幼儿在浅水位玩耍，通过在水中走、踩水等简单形式，让幼儿喜欢上水，初步体会水的阻力、压力、浮力等感觉，锻炼四肢的协调力。另外，还可以通过坐在池边踢水、用手掌拍水、用手搅出旋涡、水中投篮、泼水游戏、抓水中漂浮物等简单方式让幼儿体会玩水的乐趣。熟悉水性后，可以让幼儿进行一些跳水游戏，像在水中放置若干呼啦圈，在泳池规定处起跳，双脚跳入呼啦圈；或是家长推着游泳圈里的幼儿比赛，哪位家长先到终点就赢得比赛，幼儿可以在游泳圈里双手划水，小脚拍水，练习手臂和腿部力量，让他们体会到夏天独有的乐趣和父母陪伴的幸福。

案例 8-10　大鲨鱼吃小鱼

1. 游戏方法

家长或老师当“大鲨鱼”，幼儿当“小鱼”。“大鲨鱼”追赶“小鱼”，将捉到的“小鱼”放在岸边，被捉到的“小鱼”要在水中任意表演一个体育艺术类肢体动作，可以是拉丁舞手部基本动作，或是健美操、啦啦操等手部动作，或是水中跳跃等腿部动作，表演完就不能再下水了。看完表演，其他“小鱼”仍在水中四处散走，逃避“大鲨鱼”的捕捉，让幼儿敢于在水中跑动。游戏的开始与结束以家长或老师的口令为准。

2. 游戏规则

(1) 游戏时不准离开游泳区域。

(2) 被抓的“小鱼”不准再次下水。

3. 游戏场地

室外浅水池。

4. 游戏器材

音乐播放器。

5. 注意事项

(1) 潜泳时要注意安全，量力而行。

(2) 家长或老师尽量先抓移动较快的幼儿，让移动能力差的幼儿有较多的练习机会。

这个小游戏可以让幼儿适应水的阻力、浮力，提高孩子在水环境中的移动能力，并锻炼幼儿的自我表现力。

案例 8-11　打鼓

1. 游戏方法

教师播放含有鼓的节奏的音乐，幼儿用双手拍击水面，形成和音乐节奏一样的

“鼓”声。溅起的水花会碰到幼儿的脸、眼、鼻、耳等，并影响到幼儿的呼吸，借机教会他们“憋气”和“口吸鼻呼”的动作，这是幼儿熟悉水性必须学习的技能。

2. 游戏规则

(1) 游戏时不准离开游泳区域。

(2) 打鼓节奏要符合音乐节奏。

3. 游戏场地

室外浅水池。

4. 游戏器材

音乐播放器。

(四)根据不同组织形式进行创编

游戏的组织形式包括集体游戏、分组游戏、个人游戏等，这些形式的游戏可以使用道具，也可以徒手进行。幼儿在不同的形式中可以培养合作、竞争、团结、进取的精神。

1. 集体游戏

案例 8－12　　一年四季我知道

1. 游戏方法

在场地四周划分春夏秋冬四个区域，游戏开始，全体幼儿边跑向场地四周边唱儿歌：“小朋友，本领高，一年四季全知道。春天过去夏天到，夏天过去秋天到。秋天过去冬天到，冬天过去春天到。”儿歌唱完，教师发令：

“夏天！”幼儿们马上做游泳的动作，快步跑到夏天的区域内。

“冬天！”幼儿们马上做雪花飘的动作，快步跑到冬天的区域内。

“春天！”幼儿们马上做小鸟飞的动作，快步跑向春天的区域内。

“秋天！”幼儿们马上做落叶飘落的动作，边转圈边跑到秋天的区域内。

2. 游戏规则

(1) 边做动作边跑。

(2) 跑的过程中不能碰撞其他幼儿。

3. 游戏场地

室外开阔处。

4. 游戏器材

标志牌。

2. 分组游戏

案例 8-13　小小守门员

1. 游戏方法

(1) 将幼儿分成甲乙两个横队，两队相距六米站立。甲队每人脚下放一个球，乙队双腿开立，与左右同伴脚抵脚，如图 8-9 所示。

图 8-9　“小小守门员”游戏

(2) 游戏开始，甲队同时踢球射门，乙队进行堵截（用手接球或用脚挡球，踢回）。射门成功，一球得一分，然后互换位置，射进球多的队获胜。

(3) 输了的队表演节目，跟音乐一起表演老师教过的体育艺术项目的动作或是即兴表演自编动作。

2. 游戏规则

(1) 射门队员只能用脚踢球；射门必须在两端守门员的外侧脚之内。

(2) 守门员不得离开自己的区域去堵截。

3. 游戏场地

室外开阔处。

4. 游戏器材

足球若干。

3. 个人游戏

案例 8-14　我是小小模仿家

1. 游戏方法

伴随着欢快的音乐《动物走路歌》和音乐里面的歌词提示，做出各种小动物的走路姿势。儿歌："小兔子跳跳跳跳跳，小鸭子走路摇呀摇，小乌龟走路爬呀爬，小花猫走路静悄悄。"

2. 游戏规则

动作的节奏和音乐的节奏相符。

3. 游戏场地

室外开阔处。

4. 游戏器材

音乐播放器。

（五）根据情境进行创编

在具体的幼儿体育艺术游戏创编中，我们可以让幼儿在自己创设的情境中轻松自由地进行角色扮演，创造性地表达自我。例如，"你来做妈妈，我来做爸爸，一起照顾小宝宝"，幼儿在角色扮演中体验游戏，在游戏中发挥想象力，提高自己的语言表达能力；"我是小弹簧"，幼儿以肢体动作来表现绕弹簧过程及弹簧的弹跳特性，体验与同伴合作、协同游戏的快乐；"认出大灰狼"，通过游戏，锻炼幼儿跑和跳的技能，提高幼儿的灵活、协调能力。

可以根据故事内容来构思游戏情节，以故事表演作为游戏的表现形式。如"猫捉老鼠""大象过河""快乐的流星""小花猫钓鱼"等。

可以结合语言、美术、科学等其他领域的教育知识来进行游戏创编，让幼儿通过游戏活动掌握相关知识。例如，"红灯与绿灯"可以帮助强化幼儿"红灯停、绿灯行"的意识，锻炼幼儿的反应能力；"身体拼写者"通过让幼儿用身体模仿字母的形状，培养幼儿的团队协作能力和对字母、单词的认知。

可以围绕某一主题进行创编，通过与主题相关的活动，达到让幼儿全面发展的教育目的。例如，感恩节主题游戏"火鸡保龄球""火鸡套圈""感恩树"等，让幼儿不仅了解节日本身，还养成感恩的意识；安全主题游戏"我是小消防员""小红帽与大灰狼""逃出火海"等，让幼儿在游戏过程中提高防范意识和安全意识。也可以给幼儿创设一定的游戏情境，让幼儿发挥想象力和创造力，进行自我创编。如教师可以通过图片、道具等给幼儿讲故事，然后让他们自己根据故事情节创编游戏。例如"小小快递员"，让幼儿以自己的游戏方式，通过各种走、跑、跳的动作"翻山越岭"将信送到。或是让幼儿自己编故事，然后和其他小朋友一起完成这个故事情节。例如"小白兔和大灰狼"，教师提示小朋友大灰狼是坏的，坏人的动作是怎么表现的？小白兔是可爱的，那么他的动作是怎样的？应该怎样躲避大灰狼呢？然后让幼儿自己去发挥想象力，分成不同的角色进行游戏创编。

四、幼儿体育艺术游戏创编的实践

明确了创编的原则，确定了幼儿体育艺术游戏创编的目标和任务，搜集并选择了幼儿体育艺术游戏素材，选择了合适的创编方法后，就可以进行实际的创编工作了。幼儿体育艺术游戏创编包括以下几个步骤。

（一）前期的准备

为了保证幼儿体育艺术游戏安全顺利地进行，游戏组织者要提前对场地进行实地考察，提前准备好游戏所需道具并进行安全质量检查，将安全放在第一位。场地要确保安全，周边不能有障碍物，要对场地进行标记、界线划分要明确。如发现问题，及时修正。

（二）教案的撰写

1. 游戏名称

具体要求为生动、直观、形象，要符合幼儿的认知水平，能突出体育艺术的特征。例如“小白兔钻山洞”，小白兔是幼儿所认知和熟悉的动物，那么动作上就可以模仿小兔子的蹦蹦跳跳，音乐的选择上也比较欢快动感，“钻”可以突出竞争性，“山洞”道具的使用可以让幼儿有情境感，产生游戏的兴趣。

2. 游戏目标

从提高身体素质、技术能力、心理素质，培养某种个性和意志品质，培养艺术表现力等方面确定游戏目标。

3. 游戏准备

包括具体的器材的名称、数量及场地的安排等。

4. 游戏过程

（1）热身教师带领幼儿一起进行热身活动，如模仿操、慢跑等，尽量把幼儿的身体活动开。

（2）教师向幼儿介绍游戏的名称，并向幼儿讲解和示范各种玩法。

5. 游戏规则的制定

确定游戏的规则。

6. 游戏总结

进行游戏总结。

（三）游戏的组织、讲解示范

组织者用示范讲解的方式对游戏的流程、规则等进行说明，对游戏过程进行动态的组织掌控，及时跟进，积极引导。对于体育艺术游戏中出现的问题要进行及时的说明和纠正，确保游戏在公平、安全的基础上进行。

（四）游戏总结

最后，在体育艺术游戏结束后，体育艺术游戏组织者要对游戏过程中参与者的表现进行总结，并公正公平地判定体育艺术游戏的结果。

五、幼儿体育艺术游戏创编效果评价及反馈

体育艺术游戏创编完成进入实践后，除创编者个人要进行总结以外，还要请相关的专家对幼儿体育艺术游戏创编效果进行评价。评价主要从以下几方面进行：

一是幼儿体育艺术游戏是否体现了安全性原则、针对性性原则、教育启发性原则、趣味性原则等原则。

二是幼儿体育艺术游戏设立的目标和任务是否实现，实现的程度如何。例如：幼儿动作发展评价、幼儿运动表现评价。

三是幼儿体育艺术游戏创编方法的运用是否得当。

四是评价幼儿体育艺术游戏创编的实践中一些具体的问题，主要包括以下几点：

（1）游戏的主题、名称。

游戏名称不要起得太大，且应具有一定的指向性，如“动物园搬家记”“开着汽车去旅游”等。如果起名叫“户外游戏观察记录”“孩子们的表演游戏”等，这样的题目就太笼统，且没有具体的指向性。另外还要评价游戏主题是积极健康的还是消极危险的。

（2）前期准备是否充分。

包括器材准备是否充分、场地设施的安全性、教案的规范性等。

（3）教师介入指导的适宜性如何。

评价教师介入前后幼儿的游戏状态，以及教师介入的具体时机、具体方式等。

（4）幼儿参与游戏的具体情况。

首先要评价游戏中幼儿的各种行为表现或是在不同类型游戏中每个幼儿的实际发展水平。其次要评价幼儿游戏空间、时间以及游戏材料等游戏环境对游戏的影响，如游戏场地创设、游戏时间的长短、游戏材料的投放等对游戏的影响，评价玩具及游戏材料是否充分发挥了其教育功能，游戏中是否反映了人与物的相互作用。

通过请专家对体育艺术游戏进行评价，对存在的问题进行及时的反馈，并给出相关意见和建议，幼儿体育艺术游戏创编者和组织者可以准确掌握幼儿当前的需要和游戏状况，及时改正。创编者要对自己创设的环境、提供的材料、介入的指导等进行反思，寻找存在的问题，并探寻后面继续支持幼儿体育艺术游戏创编发展的具体策略，从而创编出与幼儿发展水平相适应的体育艺术游戏，并更好地为幼儿体育艺术游戏的开展提供支持。

本章小结

幼儿体育艺术游戏在创编的过程中应遵循安全性、教育启发性、趣味性以及针对性四项原则，从幼儿的运动系统、血液循环系统、呼吸系统特点的安全性出发，注重幼儿身心健康、知识的灌输及社会适应能力的培养。根据幼儿的年龄特点，从游戏的内容、形式、器材运用、情境设计等方面增加游戏趣味性。同时，针对幼儿的年龄、性别、健康等特点，依据幼儿的身体发展、心理发展并结合课程的教学目标和任务等进行体育艺术游戏的创编。

幼儿体育艺术游戏的创编流程为：确定幼儿体育艺术游戏的目标和任务，搜集并选择游戏素材，选择合适的创编方法，进行创编实践，最后邀请相关专家对游戏创编效果进行评价及反馈。

思考与练习

1. 简述幼儿体育艺术游戏创编的原则。
2. 简述幼儿体育艺术游戏创编的流程。
3. 幼儿体育艺术游戏创编的方法有哪些？
4. 写一份自我创编的幼儿体育艺术游戏的教案。

参考文献

[1] 李敏，马鸿韬．体育艺术基本理论体系构建："体育艺术"概念辨析．北京体育大学学报，2011（5）．

[2] 约翰·赫伊津哈．游戏的人：关于文化的游戏成分的研究．杭州：中国美术学院出版社，1996．

[3] 崔乐泉．忘忧清乐：古代游艺文化．南京：江苏古籍出版社，2002．

[4] 蔡丰明．游戏史．上海：上海文艺出版社，2007．

[5] 玛丽·霍曼，伯纳德·班纳特．活动中的幼儿：幼儿认知发展课程．北京：人民教育出版社，1995．

[6] 何道宽．游戏、文化和文化史：《游戏的人》给当代学者的启示．南方文坛，2007（6）．

[7] 张维仪．教师教育：改革与发展热点问题透视．南京：南京师范大学出版社，2000．

[8] 冯超群．我国民间游戏的教育价值及其传承策略．文教资料，2015（13）．

[9] 密渊，段晓娅．儿童传统民间体育游戏的传承与创新．体育文化导刊，2018（4）．

[10] 方志丽．民族民间儿童游戏传承创新的方法．课程教材教学研究（幼教研究），2015（2）．

[11] 蒋彦玲．民间游戏促进幼儿全面发展．徐州幼教，2006（7）．

[12] 邱学青．学前儿童游戏．4版．南京：江苏教育出版社，2008．

[13] 李玉峰．民间体育游戏对幼儿身心健康影响的实验研究．南阳师范学院学报（社会科学版），2005（12）．

[14] 刘焱，王丽，沈薇．建国以后儿童游戏发展变化的特点、趋势及原因分析．学前教育研究，1999（4）．

[15] 张基振，虞重干，邹志敏．上海市青少年儿童参与民间体育活动现状的调查与思考．上海体育学院学报，2006（6）．

[16] 虞重干，张基振．民间体育游戏之于少年儿童和谐发展的实证．北京体育大学学报，2006（12）．

[17] 刘琪，洪燕燕．体育游戏对幼儿健康人格发展的探讨．山东体育学院学报，2006（6）．

[18] 郭泮溪．民间游戏与竞技．2版．北京：中国社会出版社，2008.
[19] 钟敬文．民俗学概论．2版．上海：上海文艺出版社，2010.
[20] 白晋湘．民族民间体育．北京：高等教育出版社，2010.
[21] B D 戴伊，刘焱，卢乐山．游戏在儿童早期教育中的价值．外国教育动态，1984 (3).
[22] 朱家雄．幼儿园课程．2版．上海：华东师范大学出版社，2011.
[23] 龙正印．我国民间游戏传承策略研究．体育文化导刊，2011 (11).
[24] 朱淑君．民间游戏．郑州：海燕出版社，1997.
[25] 张小培，张莉．民间游戏"跳房子"对幼儿教育的价值及应用．早期教育(教科研版)，2013 (9).
[26] 任薇．体育游戏文化探析．体育文化导刊，2016 (5).
[27] 罗时铭．中国近代体育变迁的文化解读．北京：北京体育大学出版社，2007.
[28] 苗治文，齐凤．体育文化发展的基本问题．武汉体育学院学报，2013 (2).
[29] 李春晖．当代中国体育文化的内涵、特性与体育人文精神建设．北京体育大学学报，2015 (12).
[30] 陈秀云，陈一飞．陈鹤琴文集．南京：江苏教育出版社，2007.
[31] 杰克曼．早期教育课程：架起幼儿通往世界的桥梁．北京：中国轻工业出版社，2002.
[32] 张涵劲．体操．3版．北京：高等教育出版社，2015.
[33] 杨延秋．幼儿基本体操教程．2版．上海：复旦大学出版社，2017.
[34] 于海洪，等．基础教育课程改革的可持续发展研究．北京：科学出版社，2017.
[35] 陈文华．中外学前教育史．3版．北京：科学出版社，2016.